刘 佳　朱景宏 ◎著

篮球入门

升级版

专业技术指导　训练计划制定
学习方法指南　光盘辅助学习

奥运项目、中国最受欢迎的体育运动

吉林科学技术出版社

前言

当今,篮球运动已经是一项普及面非常广的体育项目,得到了广大人民群众喜爱。篮球运动的参与范围广、身体对抗小、随意性大、娱乐性强、形式简单、易组织,表明篮球运动是人们健身娱乐的一种体育活动方式,其本质为"修身养性",价值是满足锻炼人群健康的需要。篮球运动的迅猛发展和广大球迷的喜爱与需求,是密不可分的。

篮球运动的本质与价值的特质是项目的发展性、需求的主导性、价值的拓展性。关系是承前启后、相互作用、相互包含、相互依存、递进发展的。表现形式是多样化发展、多渠道衍生、多形式运用、多维度展示。功能作用主要是具有影响力、吸引力、融合力、创新力。

经常参加篮球运动,对提高学习者的全面发展和促进身心健康具有积极的作用。本书是作者刘佳教授通过长期的教学实践,积累了丰富的教学经验编著而成。本书针对篮球运动的内容从篮球基本情况介绍、进攻基本技术、抢篮板球技术、个人防守技术、战术基础配合、场上位置选择、专项体育训练七个方面进行阐述,使初学者对篮球运动有了全面的了解,为学习者提供了学习的步骤和方法及学习的要点,配合专业教师提供的教学光盘,使读者通过参照本书就可以进行自学。希望通过此书的出版,让更多的读者充实到打篮球的队伍中来,扩大参与体育运动的人群,培养终身体育锻炼的意识,为中国篮球运动的发展培养出更多的篮球人才贡献一份微薄的力量。

目录

第一章 篮球基本情况介绍
第一节 篮球基本情况介绍··06

第二章 篮球进攻基本技术
第一节 进攻移动技术··12
第二节 运球技术··36
第三节 投篮技术··58
第四节 传接球技术···68
第五节 持球突破技术··86

第三章 抢篮板球技术
第一节 抢篮板球技术··94

第四章 篮球个人防守基本技术
第一节 防守移动技术··104
第二节 抢球、打球、断球、"盖帽"技术···111
第三节 个人防守技术··120

第五章 篮球战术基础配合
第一节 篮球进攻战术基础配合··130

第二节　篮球防守战术基础配合……………………………………141

第六章　篮球场上位置的介绍
第一节　篮球场上位置的介绍………………………………………148

第七章　专项体能训练
第一节　篮球专项力量素质训练……………………………………154
第二节　篮球专项速度素质训练……………………………………156
第三节　篮球专项耐力素质训练……………………………………158

第一章
篮球基本情况介绍

第一节 篮球基本情况介绍

第一节　篮球基本情况介绍

现代篮球运动是在人类社会劳动、生活过程中受多因素的启示而发明创造，不断完善演进而成的，是反映时代生存形式、生活特点的一种人们生活的社会现象。

现代篮球运动的特征与特点

特点：即事物内在的本质；
特征：即事物外观的征象。

（一）所谓篮球运动的特征，即篮球运动外在活动形式给人留下的表象感觉印象。

（二）所谓篮球运动的特点，即篮球运动内在本质具有独特规律的活动要素，即篮球运动本体活动对社会与参与人员产生的各种特殊功效行为的概称。

由于现代篮球运动功能与特点的特殊性，并受到科学技术的渗透影响，及人们思维方式变革而对篮球运动本质认识观念的转化，它融合科学的理论与科学的实践于一体，充分地反映出其自身运动过程中折射出种种不同景观和具体的活动功能特点，引人宠爱和参与。

它的功能特点在于它是人类文明进步和社会人文精神财富的结晶，它的活动过程即反映时代性的人类社会生存活动的一种形式和现象，再通过集体的攻守竞赛过程的激烈拼搏，显示出人类多彩的生活方式和互助合作和谐的生命活力、聪颖的智慧、优美的形态、健壮的体能和高超的技艺，而且还在于它在整个运动过程中能培养并折射出个体到集体、从民族到国家的一种精神，即社会文化心理与文明进步的层次氛围，所以篮球运动教学、训练和竞赛、观赏过程也是提高全民综合教育素质的过程。

（三）现代篮球运动的具体特点反映在以下几个方面：

第一：集体性特点

篮球运动的活动形式是以两队成员相互协同攻守对抗的形式进行的，竞赛过程，集整体的智慧和技能协同配合，反映和谐互助的团队精神和协作风格，才能获得最佳成效。

第二：对抗性特点

由于篮球运动攻守对抗竞争是在狭小的场地范围内快速、凶悍的近身进行的，获球与反获球的追击、抢夺与限制、反限制，其拼智、拼技、拼体、拼力，必须有聪颖的智慧，还需要特殊的体能、彪悍的作风和顽强的意志与必胜的精神。

第三：转换性特点

快速转换攻守对抗是现代篮球比赛的重要特点，因为篮球比赛的规则规定，以进攻得分多少分高低，而进攻又有时间规定，攻后必守，守后必转攻，攻守不断转换，转换又在瞬间，瞬时变化无常，使比赛始终在快速而和谐的高节奏情况下进行，给人以悬念，这不仅给观赏者增添观赏乐趣，而且参与者也能增智养心。

第四：时空性特点

篮球比赛在一定的时间内围绕空间、球和篮筐展开攻守对抗，因此在比赛过程中的时间观念、空间意识必须强烈、并以智慧运用各种形式、方法和手段去争取时间，搏夺空间优势，从而使比赛更具有时空性要求。

第五：增智性特点

现代篮球运动与科学技术的进一步有机融合、加上自身整体的特殊活动形式产生的功效，已成为社会文明进步和人们喜闻乐见的人文景观，它引发种种有趣的竞技史事和人物故事，给人以观赏赞誉，增智教育，可以成为在不同人群中进行社会性人本教育的直观课程，能达到博知广识的目的。

第六：综合性特点

篮球运动类属综合性体育运动，它包含着跑、跳、投等身体体能活动，从其本体运动的科学内容体系结构而言，呈现多元化趋势，涉及社会学、人文学、军事学、生物学、科技学、管理学，以及体育学、竞技学、教育学等等，从而有利于广大篮球活动者具有特殊的运动意识、气质、修养、品德、体能、技能和能力，达到健身强体的作用。

第七：智艺性特点

现代篮球运动竞技拼争日趋凶悍激烈的基础是智慧、技艺、体能和默契配合的组合，所以具有特殊的观赏性。如何扬长避短，克敌制胜，除需自身的身材条件、体能素质水平、技能能力、意志作风等保障外，更需人文修养、智慧、计谋和精湛的技艺作保障，用此调动对方。因此从事篮球活动需要技艺上精益求精，使自己达到"艺高人胆大，胆大艺更高"的境地。同时还需要在实践中刻苦磨炼，博览群书，充实自己的智能结构，使自己更聪明起来。所以篮球运动活动过程将使从事者聪慧过人、身体强健。

第八：职业性特点

自20世纪中期美欧国家率先成立职业篮球俱乐部以后，现代篮球运动随着竞技水平的提高以及赛制和规则的完善、创新，现代篮球运动的在全球蓬勃发展，使运动员的智能、体能和技、战术水平不断和谐提高，对推动职业化进程起了新的催化作用，至20世纪80－90年代，篮球职业化如雨后春笋在美、欧、澳、亚建立起来，特别是国际奥委会同意美国NBA职业队员参加国际大赛后，全球职业化篮球已成为一种时尚的产业化趋势，优秀的球队和球星效应的社会商业化价值观发生了新的变化，反映着新世纪篮球运动发展的又一新特点。

第九：商业性特点

篮球运动商业化的重要特征是篮球运动组织体制、竞赛赛制和训练管理机制的商业化气息的增浓，以及运动员自由人地位的确立和运动技能价值观的变更，俱乐部产权的明晰，独立社会法人代表的重新认识，这一系列的变革无疑一方面促进了世界篮球运动向更高的竞技水平发展，另一方面，有力的推动了职业化篮球向商业化、产业化方向发展。这已成为21世纪世界篮球竞技运动发展的总的趋势，其社会价值和经济价值必将呈现新的景象。

二　世界篮球运动发展的总趋势

21世纪世界篮球运动作为一种全球性社会文化和人文景观将进一步在世界广阔范围内更迅速普及发展提高，反映在以下几个方面：

（一）大众篮球运动在全球普及，比赛的人文氛围全面提高

篮球运动由于自身的本体性特点、规律和功能，使它充满活力。为此，新世纪大众性篮球运动将进一步在全球普及，成为名副其实的全球性社会文化和民众健身强体、修德养身的工具和手段。而这种运动性人文、文化色彩的氛围将不断的深化为社会特殊人文景观和人们生活的特殊组成部分。

（二）学校篮球运动的健身、教育功能显著，活动形式丰富多彩

篮球运动的增智、健身、教育、宣传、社交功能越来越被各级教育部门和各类学校领导认同，积极开展学校篮球运动将成为活跃校园文化生活、增强师生体质、提高健身水平、陶冶情操、锻炼意志、修养品行、培养团队精神、增强使命感和荣誉意识的特殊教育形式。

（三）职业篮球运动在全球扩展，商业化气息加强，观赏性加浓

职业篮球比赛的竞技水平的技艺化，进一步产生了特殊的社会性魅力和经济效益，促使新世纪职业篮球俱乐部将在全球范围内广泛建立，职业性竞赛的商业化行为将日益在规范中完善法治经营，逐步形成一种新兴产业。

（四）篮球运动理论和实践进一步渗透高科技，形成新结构、新体系

现代科技对篮球运动的渗透，使传统篮球观念，篮球理论、技术、战术和体能水平与训练手段将有新的创新和要求。实践训练手段将更科学化，多元科技将与训练比赛实践相结合，形成篮球观念的新转变，新的理论观点将层出不穷，新的技术、战术将不断产生，新的竞赛制度不断完善，新的规则再充实、再发展，从而形成从篮球理论到篮球实践内容的新结构、新体系。

（五）竞技篮球群雄相争激烈，排名出现新格局，技战术风格呈现新特点

21世纪世界篮球竞技运动水平和实力将形成起伏状的新格局，这是篮球运动在全球普及、发展、提高的好趋势。然而总体上美国仍将居先，欧、美地区一些国家在一个时期内仍将处于先进水平。篮球运动总体发展朝着智博谋深、身高体壮、凶悍顽强、积极快速、机敏多变和全面准确这一总趋势与不同流派风格以及多种多样打法的方向发展。比赛规则将应时修订，技术和战术进一步技艺化、精湛化、实效化、多变化、高空化、全面化和综合化；空间与时间的拼争更趋凶悍激烈，教练员的职业素养，知识结构和智慧才干及人格魅力更需综合提高。

第一：贵在"理念"

教练员和运动员必须进一步重新认识篮球运动的基本规律和发展的总趋势，从而研究提炼出自己在训练、管理、指挥、参赛、技战术创新的多元素结构中的新思路、新举措，形成新的篮球理论与实践的架构体系，进而整合成自己独特的理念。为此，凡在篮球事业上有进取心的教练员、运动员对此已达成共识，也是一种创新立业的趋势。

第二：智在"聪颖"

传统的"勇者胜"必须赋予新的内涵，新提出的"决战瞬时智勇者胜"的理念，两强相遇"智者"胜的事例不胜枚举。为此篮球界的有识之士不断强调用头脑打球，用智慧打球，打聪明球，打有文化有人文氛围的球，它是篮球运动在新世纪发展的又一新特点。

第三：高在"制空"

近20年来竞技篮球的确已成为巨人们的游戏,然而"高"的内涵都在于控制处在空间的篮板、篮筐和篮球。因此,比赛规则对此不断修改,很多方面也无不既鼓励而又限制这一"高"的发展趋势。

第四：快在"节奏"

当今世界竞技篮球运动掀起了全面快的浪潮。"争取时间是掌握主动赢得胜利的基本保障"已成为各国优秀队伍的共识。"兵贵神速"这一兵家古训更令人信服,而高速度下的技巧则充分体现在快慢速度的转换之中。

第五：悍在"凶狠"

篮球场上"悍"的传统理解也出现了质的变化,"悍"不仅反映在思想、意志、作风、精神上,反映在比赛过程中拼争技术手段和战术方法的合理应用上,而且还体现在比赛规则的不断演进的导向上。

第六：准在"高分"

现代篮球运动除以投篮准作为"准"字要求的基本点外,还要求掌握个体动作普遍准确,扩大"准"的其他要求,例如运用技术时机的准确性高,转换技术、战术判断时间的准确性高,但特殊和突出的是外围三分球投篮命中率普遍提高。远、中、近多点、多面投篮相呼应,已成为战术变化的基础和转危为安、反败为胜的主要手段。

第七：全在"综合"

现代篮球运动是一项多元、多型、多类、多变的综合的攻守对抗性运动项目。而对抗的胜负就取决于上述诸因素的有机综合统一,达到协调地融合成整体,具体反映在高水平运动队的教练员,围绕着迅速提高竞技水平,能在国际大赛中取得优异的成绩,从选材组建队伍,到实施训练、管理、培养规划过程中,都十分重视全面检测与培养运动员必备的专项基本条件,从而使现代高水平运动队均衡的相对的具备能文能武、能攻能守、能左能右、能内能外、能上能下、能快能慢,使他们在比赛中适应不同的队伍、不同的打法,适应不同比赛阶段的不同环境下自由保持正常的心态,掌握应变的主动性。

第八：变在"瞬时"

运动员在任何一次攻守回合中,都必须富有创造性,才能制造出具有攻击性和杀伤性的机会,最后简练而又巧妙地达到预期的攻守目的。球场瞬间千变万化,优秀运动员能以不变应万变,既能变在遭遇绝境之前,从而使对手失去主动,还能变在绝境之中,使自己变被动为主动。

第九：阵在"机动"

两三人展开的机动进攻战术和个人为主体的集约、混合型防守战术越来越多的被世界各篮球强队广泛采用。这种进攻与防守战术的变化,能最大限度地发挥运动员的主观能动作用。也对运动员的身体素质、心理修养、技术水平、战术意识层次、智力结构、场上作风等提出了更高的要求。

第十：帅在"智谋"

"千军易得,一帅难求"。教练员是一队之帅,他的思想品德、文化修养、人格魅力、理论知识水平及对新事物的敏感力、实践经验和管理指挥才能等决定着一支运动队伍的发展前途。尤其在当今体育科技迅速发展的年代,更需要教练员运用多种学科知识对运动队实施训练管理、组织和指挥谋划。努力提高竞技体育的科学训练水平,充分发挥运动员的聪明才智和主观能动作用,以获得最佳比赛成绩,这是一个教练员的基本职责。

为此,世界各国篮球界都十分重视寻求和选聘具有篮球专项个性人格魅力、独特的现代篮球理论造诣和组织训练、管理才华的教练员任职。

上述十个理念,互为影响,交叉渗透,许多方面既对立又统一,从而在动态中把篮球运动上升到现代科技文化的层次,指导人们从辩证法的角度重新认识篮球运动的基本规律。

篮球发展纪年

1891年	美国史密斯博士发明篮球。
1893年	形成篮板、篮圈、篮网。
1896年	篮球由天津中华基督教青年会传入中国。
1904年	第3届奥运会上进行了第一次篮球表演赛。
1908年	美国制定全国统一的篮球规则连同篮球运动一起推向世界。
1936年	第11届奥运会将男子篮球列为正式比赛项目，并统一了规则。
1956年	篮球规则出现"30秒进攻时间"，并扩大了3分区。
1977年	规定每队犯满10次规，接下来所有犯规都要罚篮。
1981年	将上述的10次犯规改为了8次犯规。
1976年	第21届奥运会上女子篮球才被列为正式比赛项目。

篮球运动的演进

初创传播时期	19世纪90年代至20世纪20年代
完善推广时期	20世纪30至40年代
普及发展时期	20世纪50至70年代
全面提高时期	20世纪70至80年代
创新发展时期	20世纪90年代至今

第二章
篮球进攻基本技术

第一节　进攻移动技术
第二节　运球技术
第三节　投篮技术
第四节　传接球技术
第五节　持球突破技术

第一节 进攻移动技术

一 动作方法移动技术分析

（一）移动的蹬地力量、方向、角度分析

蹬地力量的大小决定了移动速度的快慢，运动员在移动中脚蹬地给地面一个作用力，得到一个大小相等、方向相反的支撑反作用力，给予地面的作用力大，获得支撑反作用力也大，则移动速度就快，反之则慢。所以，必须加强运动员的腿部力量和爆发力量。由作用力与支撑反作用力的方向相反，故向左蹬地的人向右移动，反之则向左移动。蹬地角度是指力的作用点指向身体重心连线与地面所成的夹角。蹬地角度越大，产生垂直分力越大，如力的作用点与重心同在一条垂直线上，则人体向上起跳，力的作用点在重心之后，则制动人体向前移动；而力的作用点在重心之前，则制动人体向后移动。

（二）移动过程中的身体重心控制

控制身体重心在完成移动技术过程中起着很大的作用。运动员在比赛中快跑时急停停不住而向前冲，这是由于重心控制不好引起的。移动技术动作要点是移动和控制好身体重心，例如急停的要点是"仰、降、蹬"。人体的任何一个局部环节的活动，都会引起身体总重心的变化。所以，在完成移动技术过程中控制重心就显得特别重要。

（三）移动中影响平衡稳度的因素

完成移动技术的一般规律是：人体从平衡——破坏平衡——产生新的平衡——维持平衡——破坏平衡循环往复。运动员在移动中影响平衡稳度的因素是重心的高低和支撑面的大小。重心位置高，稳度小；重心位置低、支撑面大，稳度大；支撑面小，稳度小。要使运动员掌握好移动的技术，在学习的过程中要注意：蹬地力量、重心控制、蹬地方向、蹬地角度、平衡的保持和破坏等因素。

1 基本站立姿势

应用

（一）基本站立姿势与准备姿势

基本站立姿势是队员在起动前的基本准备姿势。队员为了迅速向不同方向起动和起跳，以及准备完成动作，必须保证正确基本站立姿势。准备姿势是两脚左、右（或前、后）开立，两脚距离约与肩同宽；两膝弯曲，大、小腿之间的角度大约在135°左右；脚掌着地；上体微向前倾；两臂屈肘，置于身体两侧；上体微向前倾，两眼平视。这样的姿势既能维持身体平衡，又能快速破坏平衡，向欲前进方向迅速移动。

正确地观察、判断。观察、判断是正确运用移动技术的前提，它贯穿于整个比赛的每个技术和战术配合之中。观察首先要弄清自己所处的位置和距离，同时要看清其他进攻队员及防守队员的位置分布和阵式。观察既要做到面广，还要有重点。如抢到后场篮板球，观察重点是本队的快下队员、接应队员和防守队员的位置分配，由此决定传球给谁和自己的跟进路线。半场阵地进攻中观察重点是本队的主攻方向及防守队员的破坏行动，根据观察结果决定自己是拉开牵制、佯攻移动，还是空切、掩护等。外线队员的观察重点首先是内线队员的攻击位置，判断防守队员的阻挠行为，然后要有主有次，由点到面，由局部到全局。然后根据情况进行综合分析，做出正确的判断，采取合理的行动。

突然、快速、灵活变化。移动技术的运用必须突然、快速、出其不意、攻其不备，才能取得良好效果。灵活变化表现在能根据场上不同情况，由一个动作迅速转化为另一个动作。例如前进中受阻，就要改变前进方向，变方向后又碰到防守人，再变为转向前进等等。这一连串的跑、改变方向和转身要应变自如，衔接连贯、富有攻击性。跑动中要有节奏，比赛中慢跑固然不能摆脱防守，但一个节奏的快跑也不一定能制造良好的攻击机会。只有根据场上情况快慢结合，富有鲜明的节奏，才能取得良好的效果。

善于做假动作。移动技术的运用应真真假假、虚虚实实、声东击西，往往会取得事半功倍的效果。例如右前锋做摆脱空切时，右腿向右跨出，同时上体虚晃，接着左腿向左横跨一步，右腿立即插到防守人身前，侧肩蹬地起动，从防守人的右侧切入；如果左腿向左横跨时被堵，此时不再从防守人右侧切入，而改为左腿继续用力蹬地向左侧跨出，侧肩从防守人左侧贴身切入。关于真假变换的做法，往往能达到切入的目的。

13

动作方法

　　这种站立姿势是两脚前后（或左右）开立，与肩同宽，两脚前脚掌着地，两腿微屈（大小腿之间的角度大约在135°左右），身体重心落在两脚之间，上体稍向前倾，两臂稍弯曲置于体侧，两眼注视场上情况。

学习步骤

步骤一

腿部动作练习：两脚平行开立，体会腿部弯曲的角度。

步骤二

躯干动作练习：含胸收腹，目视前方，两臂自然下垂，如果有球做持球动作。

步骤三

完整动作练习：听到或看到信号做基本站立姿势的练习。

2 起动跑

起动跑是起动时队员在球场上由静止状态变为运动状态的一种动作，是获得位移速度的方法。进攻时，突然快速的起动，是摆脱对手的有效手段之一。防守时，突然快速的起动，可以抢占有利位置，看住对手。

动作方法

从基本站立姿势开始，起动时，用后脚（向前起动）或异侧脚（向侧起动）的前脚掌突然而有力的蹬地，同时上体迅速前倾或侧转，向跑动方向移动身体重心，手臂协调摆动，充分利用蹬地的反作用力，迅速向跑动方向迈出。起动后前两三步要短促而迅速地连续蹬地，使之能在最短的距离内把速度充分发挥出来。

学习步骤

步骤一

起动跑前准备姿势的练习：两腿平行或前后开立，重心降低，注意力集中。

第二章　篮球进攻基本技术

步骤二

起动后的两三步跑练习：根据练习内容的要求，听到或看到信号做起动跑练习，起动后加速两三步即可。

步骤三

完整的起动跑动作练习：利用全场，结合球做起动跑动作的练习，提高反应的速度，减少起动时的多余动作。

学习重点

1.篮球场上的起动没有抢跑的机会，都是在听到或看到信号的时候运用起动跑。

2.起动跑时要重心降低，提高起动的速度。

3.起动跑的关键在于前两三步的速度，要加强判断能力和反应速度。

易犯错误及纠正方法

1.起动时两腿直立。

纠正方法：保持基本站立姿势，降低重心。

2.起动时没有迅速移动重心。

纠正方法：体会重心的前后移动，向前移动时重心移向前腿，向后移动时重心移向后腿，反复练习可以提高起动的速度。

 # 变速跑

变速跑是队员在跑动中利用速度变化来摆脱防守者的一种跳动方法。队员利用突然加速和减速来破坏防守者的正确位置，使自己完成切入、接球、突破和投篮等动作。

动作方法

变速跑是队员跑动中利用速度的变换来争取主动的一种方法。加速跑时，要利用两脚突然短促而有力的连续蹬地，加快跑的频率，同时上体稍向前倾和手臂相应地摆动加以配合；减速跑时，利用上体直起，保证身体重心的后移，从而降低跑动速度。

标准动作示范

标准动作示范

标准动作示范

学习步骤

步骤一

原地上下移动重心的练习：原地体会身体重心上下、前后移动的动作，为变速跑时身体重心的上下移动打好基础。

第二章　篮球进攻基本技术

步骤二

步频、步伐的练习。

步骤三

变速跑完整动作的练习。

学习重点

1. 加速跑的运用分为主观加速和被动加速。主观加速是队员主观想通过速度快慢变化为自己创造有利的进攻机会；而被动加速是由于防守队员的干扰和阻挠而迫于无奈所选择的一种跑动变化。

2. 体会行进间跑动的规律：减速跑时步伐加大，频率放慢时，速度会变慢；反之，加速跑时步伐变小，频率加快，速度就会变快。

3. 变速跑的关键在于瞬间与防守队员产生错位，使进攻队员得到有利的位置进行下一步的动作，把握时机非常的重要。

易犯错误及纠正方法

1. 变速跑时速度变化不明显。

纠正方法：控制好速度变化时的步伐幅度和频率，以及重心的降低。

2. 变速跑时的时间差没有把握好。

纠正方法：做变速跑时要把握好时机，与对手形成时间和位置上的错位才能战胜对手，所以要把握好时机。

4 变向跑

应用 变向跑是队员在跑动中利用突然改变方向完成攻守任务的一种方法。

动作方法

在跑动时（以从右向左变向跑为例），当最后一步右脚着地时，右脚前脚掌内侧用力蹬地的同时，脚尖向内扣，迅速屈膝，腰部随之向左转动，快速移动重心，上体向左前倾，左脚向左跨出一步，随后右脚用力蹬地向左侧前方跨出一步，继续加速。

学习步骤

步骤一

右脚落地时内扣的脚步动作。

第二章　篮球进攻基本技术

步骤二

左脚落地时向左跨步时的动作。

步骤三

在慢跑中体会变向跑的脚步动作。

学习重点

1. 变向跑是一种在快速跑中改变方向摆脱防守的一种脚步动作，因此，快是变向跑技术的重点。

2. 改变方向时的蹬地、转体动作要短促、有利。

3. 改变方向后的转体加速要连贯，一气呵成。

易犯错误及纠正方法

1. 脚步动作不正确。

纠正方法：确定好跑动的方向，从原地开始练习，将脚步动作分成三个动作来做，第一步用右脚向右，第二步右脚步向左，第三步右脚向左侧加速。

2. 把变向跑做成急停的脚步。

纠正方法：变向跑是在快速跑当中迅速改变方向的方法，不能减速或停下来再加速，要在快速跑的情况下反复练习。

5 侧身跑

应用

侧身跑是指队员在跑动中为了抢位，摆脱防守接侧方或侧后方传来的球而采用的一种跑动方法。

动作方法

在向前跑动时，头部和上体放松并朝向球的方向扭转，脚尖对着前进方向，既要保持跑动速度，还应注意用眼睛的余光观察场上的情况。

学习重点

1. 上体和头部侧转的角度决定了队员观察场上情况的区域，转体的角度越大，观察的情况越全面。

2. 做侧身跑时，下肢向着跑动方向，上体转向场内。

3. 跑动时头部要随着场上情况的变化转换角度。

动作方法

原地做上半身和头部动作的练习。

利用篮球场上的圆圈做切圆跑，体会身体重心向内倾斜的感觉。

利用篮球场地上的三个圆圈或规定路线、位置等，做侧身跑的练习。

易犯错误及纠正方法

1. 上半身的动作与下半身的动作成一个方向。

纠正方法：原地练习上半身转向一个方向，下半身向着跑动的方向。经常做上肢的伸拉动作，可提高转身的幅度。

2. 跑动时不摆臂，影响跑动的速度。

纠正方法：要控制好身体的平衡，在跑动时一定要正常保持摆臂的动作，而且要扬起前侧的手，示意同伴传球的方向和球的落点。

6 后退跑

应用 >> 它是队员在由攻转守时,为观察场上情况,背对跑动方向的跑动方法。

动作方法

后退跑是队员为了观察球场上的攻守情况背对前进方向的一种跑动方法。后退跑时,两脚提踵,用前脚掌交替蹬地提膝向后跑动,上体放松直起,稍有前倾,两臂屈肘相应摆动,保持身体平衡,两眼平视,注意场上情况。

学习重点

1. 后退跑时要保持身体重心的平衡,上体稍有前倾,切记身体重心不能后仰。
2. 后退跑时的步伐不宜过大,否则对控制重心不利。
3. 跑动时身体重心上提,步伐要轻盈。

学习步骤

步骤一

利用篮球场地，在不同方向、不同角度进行后退跑的练习。

步骤二

配合进攻队员，进行不同速度情况下的后退跑练习。

 易犯错误及纠正方法

1. 身体后仰过大，容易摔倒。

纠正方法：在后退跑时，上体要稍做前倾，千万不要后仰，容易出现摔倒的现象，造成意外的伤害。

2. 步伐过大，影响跑动速度。

纠正方法：步伐过大并不能提高后退跑的速度，反之，步伐过大而重心降低后会降低跑动的速度。因此，应缩短步伐的距离，加快频率，提高跑动速度。

25

7 跳步急停

应用

急停是指队员在快速移动中突然制动速度的一种方法，是各种脚步动作衔接和变化的过渡动作，比赛中急停多与其他技术结合在一起运用。急停分跳步急停和跨步急停两种。

动作方法

在跑动中用单脚或双脚起跳（一般离地不高）上体稍后仰，两脚同时落地，略比肩宽。落地时由脚跟先着地，随之全脚掌着地，过渡到前脚掌，用前脚掌内侧抵住地面，两膝微屈，重心落在两脚之间，保持身体平衡。

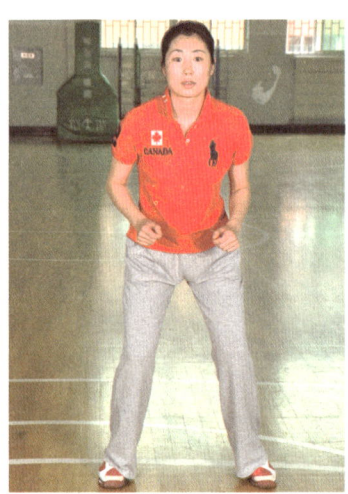

学习步骤

步骤一

慢跑中做急停动作练习。

第二章　篮球进攻基本技术

步骤二

原地上步或向前跨出一步做急停动作练习。

学习重点

1. 跳步急停的运用不宜在跑动速度很快的情况下运用，这不利于急停的稳定性。
2. 做急停的动作时一定要降低重心，保持身体平衡。
3. 急停后要做好与其他技术动作的衔接，避免走步。

易犯错误及纠正方法

（1）身体重心高。

纠正方法：急停后保持基本站立姿势，降低重心，保持身体平衡。

（2）急停后重心不稳定。

纠正方法：急停后身体不能前倾或后仰，保持身体不摇晃，控制好跑动的速度。

27

跨步急停

跨步是在跑动中突然制动的一种动作方法，是各种脚步动作衔接和变化的过渡动作。在比赛中急停可以直接摆脱对手，也是多与其他技术结合运用。

动作方法

以左脚先落地为例，急停时，左脚先向右前方跨出一大步，用脚跟先着地，并过渡到全脚抵住地面，迅速屈膝，同时身体稍后仰，后移和降低重心侧蹬地，身体稍有侧转，并稍前倾。右脚跨步落在身体的右侧前侧方，用脚内侧蹬地抵住地面，重心落在两脚之间，两臂屈肘自然张开，帮助控制身体平衡。

学习步骤

步骤一

原地体会急停时脚的两步动作。

第二章　篮球进攻基本技术

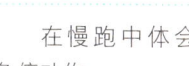
步骤二
在慢跑中体会急停动作。

学习重点

1. 分清楚先落地的脚和后落地的脚，避免接球时出现走步的现象。
2. 急停时的脚步动作，第一步急停后要先将重心移到左脚上，第二步落地后再将重心移动到两腿之间。
3. 重心的控制决定了急停的效果，急停时身体的重心不能上下起伏，要保持在一个水平面上。

易犯错误及纠正方法

1. 身体重心高。

纠正方法：急停后保持基本站立姿势，降低重心，保持身体平衡。

2. 急停后重心不稳定。

纠正方法：急停后身体不能前倾或后仰，保持身体不摇晃，控制好跑动的速度。

9 双脚跳

跳是指队员在场上争取高度及远度的一种动作方法。篮球比赛中很多技术需要队员在空中完成，队员必须能单脚或双脚起跳，会在原地及跑动中和对抗条件下向不同方向跳和连续跳等。并要求起跳快，跳得高，滞空时间长，更好地在空中完成各种攻守动作。跳有双脚起跳和单脚起跳两种方法。

动作方法

起跳时，下肢各关节弯曲下蹲，两臂后摆，上体前倾，下肢用力蹬地向上起跳，两臂迅速前上摆，身体在空中自然伸展。落地时，用前脚掌先着地，并屈膝缓冲身体下落的重力。（注意保持身体平衡，以便衔接下一个动作）。

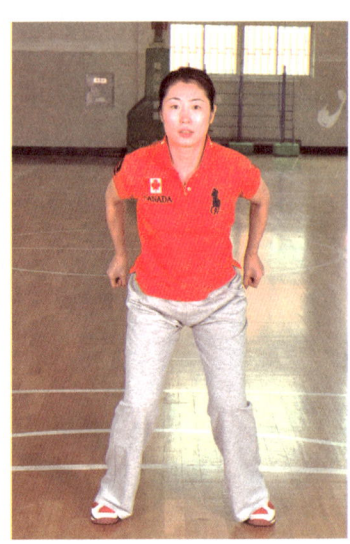

学习步骤

步骤一

原地上摆臂、提重心练习，体会起跳前的动作。

步骤二

原地摆臂、起跳练习。

步骤三

原地摆臂、起跳、伸臂练习。

学习重点

1. 起跳前要屈膝降低重心、抬头、目视前上方。

2. 起跳时要向上摆臂、提起重心、跳至身体的最高点向上伸臂。

3. 掌握好起跳的时机，过早或过晚都不能达到最好的起跳效果。

易犯错误及纠正方法

1. 起跳和身体重心的上移不一致。

纠正方法：由于动作不连贯，会造成身体的上、下肢脱节，动作不一致。要注意力量应由下肢过渡到上肢，即要连贯，也要保持发力的顺序。

2. 起跳动作不充分，影响起跳高度。

纠正方法：由于下蹲的角度没有控制好，过低或过高，使发力点不集中，影响起跳高度。控制下蹲的高度，使脚下能够用上力，才能加强起跳的高度，提高起跳的效率。

 篮/球/入/门——升级版

 **单脚跳**

应 用 多在跑动中进行，常用于投篮、抢断球、抢篮板球等情况。

动作方法

起跳时，踏跳脚脚跟先着地，上体后倾，同时迅速屈膝过渡到前脚掌，用力蹬地，并摆臂提腰。另一脚积极蹬地，并摆臂，当到达最高点自然伸直，与起跳腿合并。落地时，双脚要自然分开屈膝缓冲降低重心。

学习步骤

步骤一

原地向前跨一步，脚跟着地过渡到前脚掌的练习。

学习重点

1. 摆动腿与身体的动作要协调一致，身体的重心向上提。
2. 踏跳脚用力蹬地，起跳腿上摆，身体充分向前上方伸展，控制身体平衡。
3. 起跳脚脚跟先着地，屈膝过渡到前脚掌用立蹬地，摆动腿、腰、腹、臂协调配合，落地屈膝缓冲。

步骤二

助跑或慢跑做起跳的练习。

易犯错误及纠正方法

1. 起跳前一步的步幅过大，重心太低以至跳不起来。

纠正方法：在走动中做摆臂、蹬地、提膝、提腰的单脚起跳模仿练习。

2. 下蹲不够，蹬地不迅速，上下肢配合不协调。

纠正方法：重点强调起跳与摆臂时间与方向的关系，使队员建立正确的技术动作概念。

转身

转身是利用跨步和身体的转动,来改变站立的位置和方向,进攻时用以摆脱对方的防守,或在防守时抢占有利的位置。获得堵截、抢断球和抢篮板球的机会。

动作方法

以左脚为中枢脚为例,转身前,两腿微屈,上体稍向前倾,重心在两脚之间呈准备姿势。转身时,以左脚为中枢脚,重心移向中枢脚,右脚的前脚掌内侧蹬地,中枢脚以前脚掌为轴用力碾地,上体随着移动脚的蹬地而移动,向前改变身体的方向。

在身体转动过程中,要保持身体重心平衡,不能上下起伏。转身后,重心要落在两脚之间,这又叫前转身。

学习步骤

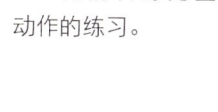

步骤一

做前转身完整动作的练习。

步骤二

做后转身完整动作的练习。

学习重点

1. 做前转身时，转腰带动转肩；做后转身时，转胯带动转肩。转身时，当重心移到中枢脚上，中枢脚要用力碾地，移动脚前脚掌蹬地，重心不要起伏或上升。

2. 转体蹬跨用力，重心迅速转移，跨步保持重心平衡不要起伏。

3. 腰胯带动躯干旋转，蹬跨有力，保持身体平衡。

易犯错误及纠正方法

1. 转身时重心有起伏。

纠正方法：保持屈膝的角度，转身时要保持一个水平面，角度不要发生变化。

2. 转身的幅度不够大。

纠正方法：转身时要腰带胯，转身时的移动脚在转身后要向移动方向跨出一大步，尽量加大跨步的幅度，才能超越对手。

第二节　运球技术

作为一名篮球运动员，运球是必学的一项基本技术。运球技术可以使球员带球移动到篮球场上的任何位置，也可以突破对方的堵截，达到个人攻击目的。如果想成为一名优秀的球员，必须能娴熟的运用各种运球技术以及在运球中能与其他技术结合起来一同运用。

一、运球技术分析

运球技术动作是由身体姿势、手按拍球的动作、脚步动作的合理运用三个环节组成。运球技术的关键就是运球队员手对球的控制能力、支配能力、脚步动作的熟练程度以及手、脚、躯干的协调配合。

（一）身体姿势

两脚应前后开立，两腿弯曲（屈膝程度视运球高低而定，低运球，腿深屈；高运球，腿稍屈），身体稍前倾，重心在两脚之间（略偏前脚），运球时，运球手臂自然弯曲，以肩、肘为轴随球上下摆动，另一臂自然屈肘抬起，抬头目视前方。

（二）手的动作

运球主要靠手指、手腕对球的控制与支配。运球时，五指自然分开，掌心空出，用手指和指根以上部位控制球，以肩为轴，上臂带动小臂，最后作用于手腕，手指用力向下按拍球，并随球有迎送球动作。球从地面弹起时，手要由下向上引球，自然屈伸小臂以缓冲球的反弹力量。

按拍球的部位是根据运球的方向、速度等因素决定的。按拍的部位不同，球反弹的角度也不同。按拍球的力量不同，球反弹的高低和速度也不同。原地运球时，按拍球的正上方；变向运球时，按拍球的左侧上方或右侧上方，使球向右侧或左侧上方弹起；向前运球时，按拍球的正后上方。

（三）球的落点

运球时，要控制好球的落点，使球在自己所控制的范围内，并能利用躯干、腿、臂来保护球，而且还要便于和其他技术动作结合。球的落点位置和高度变化，根据运球技术的不同和防守位置的远近来决定。一般情况下，向前推进的球，落点在运球手同侧脚的侧前方，速度越快，落点较远，反弹较高，在遇到防守较近时，运球的落点应在体侧或侧后方，身体侧对防守，以肩关节为轴，上臂带动小臂，通过腕指用力运球，使球的落点远离防守者。

（四）运球的速度

运球移动速度取决于推球向地面的角度、用力大小和频率。球推向地面的角度越大，用力越大，球反弹的距离越远，为追赶球，队员的移动速度就要越快，用手推球的次数就越少。

（五）运球时的手脚配合

运球时，脚步动作和手腕、手臂是否保持协调一致，关键在于脚步动作、按拍球的部位、球的落点和力量大小的正确运用。因此在运球过程中，要想熟练控制球的落点方向和力量，必须要保持好身体重心的平衡与稳定，控制好身体重心变化，保持运球手臂和脚步动作的协调配合。

篮/球/入/门——升级版

1 原地高运球

应用 原地高运球是行进间运球的基础，掌握正确的运球方法是关键。

动作方法

以右手运球为例，两脚前后开立，左脚在前，右脚在后，屈膝降低重心，目视前方。右手五指自然张开，罩在球的正上方，指根以上部位触球，掌心空出。运球时，以肩关节为轴，肘关节向后摆动，手要随着球的上下起落按拍，球反弹的高度不要超过腰，左手放在体前做保护球的动作。

学习步骤

步骤一

原地徒手模仿运球动作及节奏感的练习。

学习重点

1. 掌握按拍球的位置。
2. 控制球反弹的高度，不能超过腰的位置。
3. 掌握运球的节奏，不能过快也不能过慢，根据运球者的身高及手臂的长度来确定。

第二章　篮球进攻基本技术

步骤二

原地高运球动作模仿练习。

步骤三

听老师的哨声有节奏的运球练习。

易犯错误及纠正方法

1. 手和球之间有间隔。

纠正方法：手要随着球上下起落的按拍，手与球之间不能有空隙。

2. 球反弹的高度过高。

纠正方法：运球时，球反弹的高度要用手臂来控制，一般不超过运球者的腰。

39

2 原地低运球

应用

运球时，球反弹的高度在膝关节以下的，叫低运球。常在遇到有对手紧逼或接近防守队员时采用这种运球方法，用以保护球或摆脱防守。

动作方法

两腿深屈，降低重心，上体前倾，用上体和腿保护球，五指自然张开，指尖触球。运球时以腕关节为轴，进行按拍球，球的反弹高度在膝关节以下，以便摆脱防守并继续运球。

学习步骤

步骤一

原地徒手模仿低运球动作的练习。

第二章　篮球进攻基本技术

步骤二

原地低运球动做模仿练习。

步骤三

看着老师的手势进行有节奏的运球练习。

学习重点

1. 超低运球时，主要以腕关节为轴，用手指的力量控制球。
2. 按拍球的位置在球的正上方
3. 注意身体与球之间的协调配合，球运的越低，重心也相应降低。

易犯错误及纠正方法

1. 运球时用大臂和肩关节用力。

纠正方法：以腕关节和肘关节为轴运球，球反弹的高度不能超过膝盖。

2. 运球的节奏混乱。

纠正方法：运球时要根据手的大小、身高及习惯控制球的节奏，不能过快，也不能过慢。

41

3 运球急起急停

应用 是运球队员利用速度的突然变化来摆脱防守的一种运球方法。多用于在对手防守较紧的情况下，在快速运球中突然停止，致使防守队员被动减速停住而重心不稳时，再突然加速起动运球，摆脱防守。

动作方法

运球急停时，身体重心下降，身体后移，运球手按拍球的上方稍靠前，使球与地面垂直反弹，同时用身体和手臂来保护球。运球急起时，后脚蹬地，上体前倾，重心前移，同时运球手拍按球的后上方。

学习重点

1. 运球急停时，重心下降，手先放置在球的前上方，将球停止后，再按拍球的正上方。
2. 运球急起时手按拍球的后上方，重心前移，后脚蹬地，向前加速。
3. 运球手与急停的第一步保持一致，急停后要目视前方，观察场上情况。

学习步骤

步骤

结合球在慢速跑中练习急起急停。

易犯错误及纠正方法

1. 运球时手脚配合不一致，运球与脚步的动作不协调。

纠正方法：以右手运球为例，急停时，第一步要与手的动作配合一致。

2. 球的落点不正确。

纠正方法：运球向前跑时，球在身体的侧前方，急停时，球运在后脚的位置，起到保护球的作用。

4 体前变向运球

这是当对手堵截运球前进的路线时，突然向左或向右侧改变运球方向，借以摆脱防守的一种运球方法。

动作方法

运球队员从对手右侧突破时，先向对手左侧运球，当对手向左侧移动时，运球队员突然向他的右侧变向。变向时，右手按拍球的右后上方，使球从自己身体的右侧拍向左侧前方，同时右脚向左前方跨出，上体向左转，用肩挡住对手，突然换左手按拍球的后上方，左脚跨出，从对手的右侧突破。换手时，球要压低，动作要快。

学习步骤

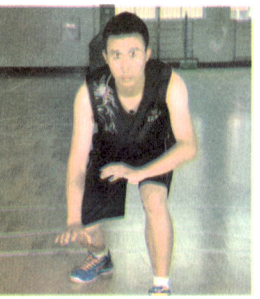
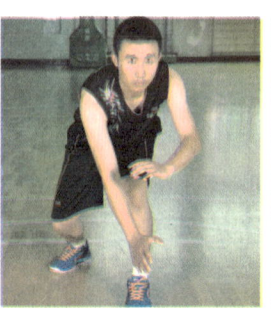

步骤一

徒手模仿变向时手指手腕的拨球换手的动作。

步骤二

原地运球模仿体前变向换手运球动作。

步骤三

行进间跑动中体前变向运球动作的练习。

学习重点

1. 重心降低，运球时手按拍球的外侧后上方，变向时要转体探肩，蹬跨有力，换手变向后加速。
2. 运球变向时要掌握好变向的时机，在快速跑中，遇到防守时通过变向换手运球，超越对手。
3. 把握好变向的距离，与对手的距离不宜过近，这不利于变方向时对球的控制。

易犯错误及纠正方法

1. 变向运球时，球常会碰到自己的脚。

纠正方法：注意运球时要抬头，把握好球的落点，掌握好变向的时机和距离。

2. 变向运球后不能超越对手。

纠正方法：运球变向时动作要突然，变向的幅度要大，变向后要用力蹬地、加速超越对手。

5 胯下变向运球

应用 当防守人迎面堵截、距离运球人较近时，可运用胯下运球方法过人。

动作方法

以右手运球为例，变向时，左脚在前，右手按拍球的右侧上方，使球从两腿之间穿过，右脚向左前方跨出，换左手继续前进。

第二章　篮球进攻基本技术

学习步骤

步骤一

原地做胯下运球变向动作练习。

步骤二

结合上步、换手运球做胯下变向运球动作。

47

步骤三

行进间跑动中进行胯下运球变向练习。

步骤四

练习胯下运球,先将左脚向前跨出一步,用右手将球从胯下弹至左手,再用左手顺原路将球弹回右手。换脚、换手后动作一样。然后将这几个运球步骤连贯起来,在原地反复练习。

第二章　篮球进攻基本技术

步骤五

练习行进间的跨下运球，开始时先沿边线练习直线，再练习曲线，然后在有人防守的情况下模仿比赛中的场面。至于身体如何随着对手的移动做出自然的反应，只能在实践中反复摸索。

学习重点

1. 降低重心，在不看球的情况下，先练习右手原地运球，再练习左手原地运球。

2. 靠手腕的力量拨力，单手在身体前和左右运球。同样，在身体的一侧前后运球。要注意，运球的时候并不是重心越低越好，因为带球的外力完全由手腕发出，只有控制好球的落地的方向，才能很好的控制好球。一只手熟悉后再用另一只手练习。

3. 球的落点保持与两脚成一条直线，运球手随着球按拍至胯下后由另一支手从另一侧接着运，尽量保持两手脱离球的时间越短越好。

易犯错误及纠正方法

1. 运球变向时球与人不能同时在一个方向。

纠正方法：变向时，将球引至球的后腿位置，手按拍球的后上方，使球与人的移动方向保持一致。

2. 运球时，球总是碰到腿。

纠正方法：运球变向时，球的落点要与两脚保持一条直线，球的最低点与胯下最低点保持一致。

6 背后变向运球

应用 » 当对手紧逼防守，距离较近无法采用体前变向运球时，可以运用背后运球突然改变前进的方向，借以摆脱防守。其优点是运球时面对防守者，便于观察情况和保护球。

动作方法

以右手运球，向左侧变向为例。变向时，左脚在前，用右手将球拉到后身，迅速按拍球的右侧后方，将球从身后拍至左脚的侧前方，并立即换左手运球，左脚迅速向前跨出，加速前进。

学习步骤

步骤一

徒手模仿背后变向运球的动作方法。

第二章　篮球进攻基本技术

步骤二

先徒手模仿。再持球模仿背后运球的动作。

步骤三

运球体会背后变向运球的完整动作。

学习重点

1. 背后运球时，将球从身前拉向身后，手随着球从身后围绕至身体的另一侧，球落地后向前加速。
2. 变向时要降低重心，侧肩放球，蹬地加速，超越对手。
3. 抬头目视前方，观察对手的位置，掌握与对手之间的距离，变向后的位置要贴近防守，阻碍防守队员堵防。

易犯错误及纠正方法

1. 背后运球时手、腿配合不一致，动作顺序不对。

纠正方法：按节奏做"向后拉球、向前运球、换手、上腿、加速的动作，明确动作的顺序、节奏、手脚配合动作。

2. 向后拉球时，手臂弯曲，造成球碰身体。

纠正方法：原地练习背后运球时强调向后拉球时手臂一定要伸直，不要弯曲。

7 后转身变向运球

应用

当防守人逼近,不能用体前运球变向突破防守时,可利用防守人为轴,贴近防守人用后转身的方法运球过人。

动作方法

以右手运球为例,当对手靠近自己的右侧时,左脚为中枢做后转身,右手按球的前上方,随着后转身的动作,将球拉向身体的后侧方,然后换左手运球,从对手的右侧突破。注意转身时要降低重心,拉球的动作与转身动作协调一致。

学习步骤

步骤一

徒手后转身脚步动作的练习。

第二章　篮球进攻基本技术

步骤二

原地运球后转身动作的练习。

步骤三

行进间运球后转身动作的练习。

学习重点

1. 后转身变向运球要贴近防守人来完成，在规则允许的前提下与之发生身体的接触。

2. 变向时先将球运至后腿位置，远离防守并保护好球。

3. 转身时，重心降低，保持身体平衡，转身后，后脚蹬地加速超越对手。

易犯错误及纠正方法

1. 转身时重心不稳，上下起伏或后仰，转身角度不对（太大或太小）。

纠正方法：加强基本站立姿势的练习，曲膝降低重心。

2. 运球因高度不够，不能一次把拉球动作完成。

纠正方法：运球的高度不超过腰，但也不能低于臀部，不然就无法完成动作。

53

8 半转身不换手变向运球

应用

半转身变向运球是后转身变向运球的一种变化形式，是在进行后转身变向运球的过程中，防守发现了运球队员的转身意图，提前占据了有利的防守位置时，运球队员改变了运球的方向，反转回到原来的运球方向，突破过人。

动作方法

以右手运球为例，在做后转身变向运球时，动作完成到后转身转到一半的时候，用眼睛的余光发现防守队员移动到了即将突破的位置，这时以左脚为轴，右脚向后跨步到与左脚平行，将球运至右脚前方，运一次球后，右脚按原路返回，跨步到右侧前方，手按拍球的右外侧，推放至右脚侧前方，向前加速，完成突破运球。

学习步骤

步骤一

结合运球，原地进行半转身运球练习。

第二章　篮球进攻基本技术

步骤二

运球体会半转身不换手变向运球的完整动作。

学习重点

1. 做全转身的准备，当判断防守提前堵截住移动路线时，按原路返回，继续向前加速。

2. 运球的高度不能超过腰，转身至一半的时候，要运一次球，避免运球违例。

3. 屈膝降低重心，保持身体在一个水平面上旋转，蹬地、转髋、再蹬地、再转身加速，超越对手。

易犯错误及纠正方法

1. 假转身的动作没有做到位，眼睛没有观察防守的动向。

纠正方法：原地模仿练习运球转身的动作，做全转身的假动作要真实，要用眼睛观察防守的移动方向，要根据防守的位置做好该做什么样的转身的判断。

2. 转身到中间的时候，缺少一次运球。

纠正方法：由于转身时间和球运行的距离比较长，因此，在转身进行到一半的时候要运一次球，球的位置跟随移动脚的位置。

9 虚晃不换手变向运球

应用 当运球遇到防守人时,利用身体的假动作吸引防守人伺机变向过人。

动作方法

以右手运球为例,右手运球至体侧右前方,做虚晃运球时,球的移动跑线不发生改变,身体向左侧做移动的假动作,吸引防守的正确防守位置发生改变后,身体恢复到原来的方向,从右侧突破超越防守,完成虚晃过人动作。

学习步骤

步骤一

徒手持球练习移动重心的动作,确立好中枢脚。

第二章　篮球进攻基本技术

步骤二

原地运球体会虚晃动作的方法。

步骤三

行进间体会运球做虚晃动作的方法。

学习重点

1. 运球过人时假动作幅度要大、稍慢，过人的动作要快，贴近防守人。

2. 运球过人时身体做虚晃动作，球的动作不发生改变。

3. 假动作做完后要突然加速。

易犯错误及纠正方法

1. 假动作幅度小、速度过快，不能吸引防守人。

纠正方法：注意重视身体姿势的练习，按动作顺序把身体动作完成好。

2. 运球与脚步动作配合不好。

纠正方法：单独练习运球和脚步的配合，熟练动作过程，在此基础上完成完整的动作。

第三节 投篮技术

投篮是进攻队员为了将球从篮圈上投入篮筐而采用的各种专门动作方法的总称。投篮是篮球运动的主要进攻技术，是得分的唯一手段，一切技术、战术运用的目的，都是为了创造更多更好的投篮机会，力争投中得分。

一 投篮技术动作分析

（一）持球方法

持球是投篮时能否牢固地控制球和完成投篮动作的前提，持球有两种方法：

1. 单手持球方法

以原地单手肩上投篮为例，投篮手五指自然分开，用手掌上沿和指根以上部位托住球的后下方，掌心空出，手腕后仰，球的重心落在食指和中指之间，肘关节自然下垂，置球于同侧肩的前上方。

2. 双手持球法

以原地双手胸前投篮为例，两手手指自然分开，拇指相对成"八字形"，用指根以上部位持球的两侧后下方，手心空出，两臂自然屈肘，肘关节下垂，置球于胸与颚之间。

（二）投篮动作方法

1. 投篮动作： 投篮是从准备姿势开始，用下肢蹬地发力，腰腹用力向上伸展，手臂向前上方伸直，手腕前屈，手指拨球用全身综合协调的力量将球投出。其中伸臂举球和手腕前屈或翻转与手指拨球的力量，是控制与调节球出手的关键，也是取得合理的投篮出手角度与速度的保障。

2. 瞄准点： 瞄准点是投篮时眼睛注视篮圈或篮板的某一点，它是提高投篮命中率的重要环节。由于投篮有直接命中和碰板命中两种，所以，瞄准的方法也不同。

（1）直接瞄准点：是篮圈距离投篮队员最近的一点，通常是指篮圈前沿的正中点。这种瞄准点有实体目标，在球场的任何地方投空心球都适用其所长。

（2）碰板投篮的瞄准点：是以篮板的某一点作为瞄准点，就是投篮时将球投向篮板入篮的一点。碰板投篮适用于篮板成15度～45度角的位置，以接近30度角的地方适宜。中远距离投篮的碰板点，往往是从球飞行弧线的最高点下落时与瞄准点的碰板点相碰，而近距离碰板投篮时，碰板点往往是球未达到飞行弧线最高点之前，即与瞄准点相触而碰板入篮。

3. 球的旋转： 投篮时，球的旋转是依靠手腕前屈，手指拨球动作所产生的力作用于球体，使球产生一种有规律性的旋转。一般中、远距离高手投篮时，大都是使球围绕横轴向后旋转。向后旋转的球不但有助于保持飞行的稳定性，而且有助于提高飞行弧度。在篮下侧面碰板投篮时，应使球向侧旋转，行进间低手投篮时应使球向前旋转。

二 投篮技术的运用时机

（一）当防守人距离投篮者比较远，来不及防守（或没有防守投篮的准备）和干扰（或干扰比较小）的情况下。
（二）在自己比较有把握的位置上或特别有信心时。
（三）经过配合出现了预期的投篮机会。
（四）当同伴占据了良好的抢篮板球位置时。
（五）在特定的战略战术要求下强行投篮。
（六）同伴拉开牵制，造成一对一局面时。

三 投篮技术的重要性

提高篮球投篮命中率是每个篮球爱好者和篮球运动员必须掌握的基本技术。因此，投篮是篮球运动的重要技术之一，是得分的唯一手段，是篮球技术中最为关键的一项技术，也是制定篮球战术的核心环节。无论何种进攻战术最终都要归结为投篮得分，而防守的目的则是限制、阻止对手的投篮，从而为自己创造更多的得分机会。随着现代科学技术在篮球运动领域的渗透与运用，世界高水平的篮球比赛双方队员的对抗强度越来越大。运动员常常在激烈的强对抗中完成各种投篮动作，由此新的高难度的投篮技巧应运而生。如投篮队员滞空时间增长、出手点高、技术变化多、命中率提高等。然而，不论投篮技术动作怎样变化，任何高级投篮动作及其准确性都是建立在正确、合理的投篮基础技术之上的。

投篮命中率的高低是决定比赛胜负走向的关键因素，而不规范的投篮技术动作将直接影响篮球运动员的投篮命中率，不利于运动员的技术水平的进一步提升。因此，在学习原地单手肩上投篮、行进间单手肩上投篮、跳起投篮的基本投篮技术动作阶段，要严格要求自己，严格按照规范技术动作进行练习，为以后养成正确稳定的投篮手型和习惯打下良好的基础。

原地单手肩上投篮

它是比赛中应用比较广泛的投篮方法，是行进间单手高手投篮、跳起单手肩上投篮等技术动作的基础。它具有出手点高，便于结合和转换其他进攻技术动作，能在不同距离和位置均可应用的特点。

动作方法

右手投篮时，右脚在前，左脚稍后，两膝微屈，重心落在两脚掌上。右手五指自然分开，翻腕持球的后部稍下部位，左手扶在球的侧下面，将球举到头部右侧上方位置，目视球篮，大臂与肩关节平行，大、小臂约90度角，肘关节内收。投篮时，由下肢蹬腿发力，身体随之向前上方伸展，同时抬肘向投篮方向伸臂，用手腕前屈和手指拨球，使球柔和地从食、中指端线投出。球离手时，手臂要随球自然跟送，脚跟提起。

学习步骤

步骤一

持球投篮的准备姿势和出手动作，掌握投篮手法。

步骤二

徒手做原地投篮动作的模仿练习，体会全身的协调配合和出球的指腕动作，熟练后进行二人对面相距2-3m的持球投篮动作练习。

步骤三

面向篮筐，举球到投篮出手部位投篮，体会投篮出手时指腕动作。

学习重点

1. 运球急停跳起投篮技术的关键是在快速运球中急停的步子要稳，连接起跳技术要协调，身体腾空和投篮出手要协调一致。

2. 投篮时要自下而上发力，抬肘，手臂上伸，接近垂直时，屈腕拨球，将球投出，全身动作协调，用力一致。

3. 投篮时抬肘，向前上方伸臂、压腕、投球，使球从食、中指指端飞出。

易犯错误及纠正方法

1. 持球时肘关节外展，出手时成推球动作。

纠正方法：强调前臂与地面垂直，身体可稍侧对篮以保证肘对篮。靠墙站立，做投篮动作，限制肘关节外张。

2. 投篮弧度低。

纠正方法：投篮时要抬肘向上伸臂，练习时可在投篮者面前一米处站1人，伸直手臂，迫使投篮者手臂向前上方伸展。

双手胸前投篮（女式投篮）

应用

双手胸前投篮是双手投篮中最基本的动作方法，它的优点是投篮力量大，投篮距离远，便于传球、运球突破相结合。缺点是持球点低，易受防守队员干扰。

动作方法

双手持球于胸前，肘关节自然下垂（不要外展），两脚前后或左右开立，两膝微屈，重心落在两脚上，眼睛注视瞄准点。投篮时，下肢蹬地发力，两臂向前上方伸直，前臂内旋，拇指下压，手腕前屈，食指、中指用力拨球，通过指端将球投出。球出手时身体随投篮出手方向自然伸展，脚跟微提起。

学习步骤

步骤一

先徒手练习，再做原地对空中投篮动作的练习。

第二章　篮球进攻基本技术

步骤二

原地投篮动作练习投篮动作。

学习重点

1. 动作关键在于掌握好屈膝蹬地、腰腹伸展。手臂上伸和球出手时要注意手腕、手指用力动作的连贯性、协调性和用力的一致性。
2. 双手用力均匀，全身动作协调，用力一致。
3. 出手时，拇指下压、手腕内翻，食、中指用力拨球。

易犯错误及纠正方法

1. 持球手法不正确，肘外张；手臂僵硬。投篮时两手用力不一致，伸臂不够充分。

纠正方法：强调正确的持球方法，投篮时蹬地、腰腹伸展，手臂上伸。注意伸臂的同时手腕翻动、拇指压球，示指、中指拨球。

2. 投篮时双手推球。

纠正方法：反复练习不对篮的出球动作，体会手腕翻转、手指拨球动作。

3 行进间单手低手投篮

行进间投篮是比赛中广泛应用的一种投篮方法，一般多在快攻或切入篮下时运用，也可以在中近距离运用。行进间投篮动作方法很多，但动作结构基本相同，都是跨步接球起跳、腾空、球出手和落地三部分组成。其脚步动作的共同特点是：跨第一步的同时接球，跨第二步的同时跳起空中投篮出手，投篮出手后，两脚同时落地屈膝缓冲。在实际运用时，应根据投篮距离、角度以及防守队员所处位置来决定投篮的方法，在投篮时要控制好身体平衡。跨步的步幅、快慢及方向也应根据场上情况的不同而有所变化。

动作方法

以右手投篮为例，右脚跨出一大步的同时接球，左脚接着跨出一小步并用力蹬地起跳，右腿屈膝上提，同时双手向前上方举球。当身体接近最高点时，左手离球，右手掌心向上托球，并向篮球的方向举球。当身体接近最高点时，左手离球，右手掌心向上托球，并向球篮的方向伸直，接着屈腕，食、中指拨球将球投出。

第二章　篮球进攻基本技术

步骤

先徒手练习手部与脚部动作，行进间单手低手投篮脚步动作的练习。

学习重点

1. 跨右腿接球，跨左腿起跳、引球。手脚配合协调。用扣腕和手指拨球，柔和地将球投出。

2. 助跑、接球、起跳举球动作连贯协调。以手腕为轴，手指向上挑球，使球从食指、中指滚出。

3. 手指向前托球要稳，腕指上挑，用力均匀，腾空后身体伸展。

易犯错误及纠正方法

1. 起跳时身体前冲，投篮用力过大控制不好身体平衡。

纠正方法：要求助跑接球时第一步大，第二步小，并先以足跟着地，过渡到全脚掌着地用力向上起跳。

2. 投篮时，大臂由下向上撩球。

纠正方法：模仿练习，起跳举球，将球挑起。

4 行进间底线反手投篮

应 用 这种方法多在沿球场端线左右移动中或运球突破超过篮圈后运用。

动作方法

是当身体越过球篮时采用的一种投篮方式。跳起后身体背向篮圈，上体略向左转，眼看碰板部位，右手掌心向上持球于头的前上方，当身体腾空至最高点时，用无名指、小指和手腕的力量，把球向碰板点投出使球反弹入篮。

学习步骤

步骤

先徒手模仿反手三步篮的动作，再在底线行进间反手底线投篮。

学习重点

1. 上体挺胸、抬头后仰，目视篮筐。
2. 前臂外旋，手指拨球，掌心向着篮的方向。
3. 上篮的第一步大，第二步小，第三步尽力起跳，重心上提，速度不宜过快。

易犯错误及纠正方法

1. 投篮第一步起步太早，没有跑在篮下的位置。

纠正方法：运球的时候要抬头，目视前方，观察跑动的位置，选择好起步的位置。

2. 起跳力量没有集中向上，不能达到最高点投篮。

纠正方法：投篮的第二步要小，储备力量集中向上发力。

第四节　传接球技术

传球技术是篮球比赛运用最为普遍的一项进攻技术。它是进攻队员之间有目的的转移球的方法，是进攻队员在场上相互联系和组织进攻的纽带，是球队实现战术配合的具体手段。

一场篮球比赛，双方共有成百上千次各式各样的传接球过程，快速、准确、巧妙的传接球不仅能够打乱对方的防御部署，创造出更多更好的投篮机会，而且还直接影响到进攻战术的质量和比赛的胜负，同时还能大大提高比赛的观赏性。虽然传接球技术在比赛中运用的方式方法多种多样，但其技术动作的基本原理和要求是一致的，掌握这些原理和基本要求，为完成传接球技术，提高传接球技术质量提供了根本保障。

一　传球技术动作分析

传球技术如果从动作方法的组成上来分析，它都是由持球手法和传球动作两部分组成。持球手法可分为单手持球和双手持球两种。单手持球的方法是：手指自然分开，用手掌外沿和指根以上部位托（或抓住）球，手心空出。双手持球方法是：两手指自然分开，两拇指相对成"八字"形，用手指指根以上部位握球的两侧后下方，手心空出，两臂屈肘，肘关节下垂，将球置于胸腹之间。传球动作则是由下肢蹬地发力开始，配合全身协调用力，最后通过伸臂、屈腕和手指拨球的力量将球传出。

如果从完成技术动作的结构上分析，传球技术包括了准备、完成和结束三个阶段。准备阶段包括基本姿势和持球两个环节。正确的基本姿势是：两脚左右（或前后）开立，与肩同宽（或稍宽于肩），两膝微屈，上体稍前倾，双手或单手持球。这样的基本姿势既保持了运动学和动力学的特征，又便于完成各种传球动作。持球：在保证正确的基本姿势的基础上，运动员还必须保证正确地持球并能牢固地控制球，运动员应将球置于防守人既难触及而自己又能在最短时间内完成传球动作的位置，同时，传球人还应注意用眼睛或用视野的余光观察接球目标，同时，传球人还应注意用眼睛或用视野的余光观察接球目标，随时准备将球传出。

传球技术的完成阶段，这一阶段是传球技术的基本阶段，其形式有单手传球和双手传球两种。每种传球形式又各包含了多种传球方法。不论其完成的方式有何差异，但最终都是通过上肢的屈伸和手指手腕的最后用力来完成的。同时也包含着身体其他部位的协调用力。在这一阶段，手指手腕的动作和用力是传球动作的关键，它控制了球的飞行方向、速度、放置等要素，特别是食指和中指对球所起的作用最大。现代篮球比赛中，要求传球时要快速准确巧妙，要有极强的隐蔽性，而且传球动作的幅度不要过大，这就使得手指手腕的用力就显得更加重要，对手指手腕动作的要求也就更加高。在传球过程中，下肢的蹬地与身体其他部位的协同用力也是传球完成阶段不可缺少的环节，它既可以增加传球的力量，又可以维持传球动作的协调。

在传球的结束阶段，球虽然离开了手，但身体动作并没有立即结束，在这一阶段，运动员必须维持好身体的平衡，控制好身体的重心，以便和下一项篮球技术相衔接。

传球技术在运用中一般应注意以下几点：①根据防守队员和接球队员的位置、移动速度决定传球力量的大小、方向和传球方法。将球传到远离防守队员一侧的位置上时，传出的球既便于同伴接球，又便于同伴能顺利地与下一个进攻技术相衔接。②传球队员要扩大视野，全面观察场上情况。坚持先看前场，再看后场，先观察内线再观察外线的运用原则。③要善于捕捉传球时机，当同伴出现在有利位置时，要及时将球传给同伴，做到人到球到。④善于运用假动作迷惑对手，巧妙地运用时间差、位置差、空间差完成传球技术。⑤熟悉全队进攻战术要求，了解进攻战术配合中的每一个进攻机会，从而掌握有利的传球时机。

 接球技术动作分析

接球技术从形式上来划分也包括单手接球和双手接球两种。从来球的高度上来划分，可以分为接高空球、接胸部高度的球、接低球三种。其技术动作结构也是由准备阶段、完成阶段和结束阶段三个部分构成。

准备阶段，首先要求对来球的方向、高度、速度、旋转等因素要做出正确的判断，如果判断稍有错误，都将容易导致接球的失误。同时，接球前的身体姿势也是很重要的，采取怎样的身体姿势接球是建立在对来球正确判断的基础上的，正确的姿势要求既便于双手接球，又便于单手接球；既便于接不同方向、不同高度、不同距离的球，便于在接住球后能很好地与下一项进攻技术动作相衔接。在接球技术的完成阶段，其基本过程包括：迎球、触球、引球三个方面。迎球：是指身体、脚步和手臂，一定要主动向来球的方向伸出去，这将有助于触球和触球后的缓冲。触球：是能否接到球的关键，手指触球的部位多在手指尖偏内侧和指腹的部位，当手指触球后，应迅速顺势屈肘，手臂向后引，以缓冲来球的力量。引球（即缓冲阶段）：其目的一方面是缓冲来球的力量和速度，另一方面是迅速地完成正确且牢固的持球动作，第三则是以便与下一项进攻技术相衔接。在接球的结束阶段，主要的任务是维持身体的平衡，并且要迅速确定将要转入的下一个进攻动作。

接球技术在运用中一般应注意以下几点：①观察了解场上情况，不要原地站着等球，要积极主动地移动迎前接球。②用身体、上肢和脚步的移动抢占有利的位置，保障接球的安全。③接球后要迅速做好和下一个进攻技

术的衔接。④接球后要迅速转入投篮、传球、突破等下几个动作。

在传接球技术的学习中，一般应从学持球动作开始，先练习接球技术，再练习传球技术。学习步骤应从原地学习开始，待形成正确的技术动作规范后，再进行移动中的练习，并逐步与其他技术动作相结合练习，最后是进行防守情况下练习。传接球技术的学习还应重视传球意识的培养，扩大队员的视野，提高观察判断能力，要着重提高传球的速度，减小传球动作的幅度，并结合假动作进行练习。

接球时应注意的事项：

（一）接球前要观察，了解场上情况，不要原地站着等球，要积极移动迎前接球或领前接球。

（二）移动接球要有明确的目的性，目的和效果统一，要符合战术要求。

（三）移动接球要讲求实效，要根据场上的具体情况，根据传球队员的视野范围和传球的可能性对自己什么时候移动，什么时候能接到球，和接球后有几种进攻机会等，做到心中有数。

（四）摆脱接球时，要利用身体、上肢和脚步移动，抢占空间挡住对手可能断球的路线，保证接球的安全，并及时抢占有利于接球后进攻的位置。

（五）接球时要为下一个进攻动作做好准备，要和下一个动作衔接好。

（六）接球后不能盲目停球，要及时、快速地转移球，以便在人球不停顿的移动中创造和捕捉更多更好的战机。

双手胸前传接球技术

双手胸前传球是一种最基本、最常用的传球方法，这种传球方法便于控制，适合于不同方向、不同距离，也便于同投篮、运球、突破等动作结合运用。

运用时机

双手胸前传球是一种非常普遍的传球方法，但就现在篮球发展形式来看，双手胸前传球动作幅度大，观赏性不强，比较易见，但它是所有传球的基础，所以建议学习者要活学活用，即要掌握，还要大胆运用其他传球方式，与双手胸前传球配合使用，会使传球技术有进一步的提高。

动作方法

两手五指自然分开，拇指相对成"八"字形，用指根以上部位持球。手心空出，两肘自然弯曲于体侧，将球置于胸腹之间的部位。身体成基本站立姿势，眼睛注视传球目标。传球时，后脚蹬地，身体重心前移，前臂迅速向传球方向伸出，拇指用力下压，手腕前屈，食指、中指、无名指用力拨球将球传出。出球后，身体迅速调整成基本站立姿势。传球距离越近，前臂前伸的幅度越小；远距离的传球，则须加大蹬地、伸臂和腰腹的全身协调用力，而且传球距离越远，蹬地、伸臂的动作幅度就越大。

学习步骤

步骤

持球手法练习：将球放在脚的右前方，跨右腿拾起球成正确持球姿势，反复练习，直至掌握正确的持球手法。

第二章　篮球进攻基本技术

步骤

手指手腕拨球动作练习：两人一组，用一个球，一人扶住球，另一人做指、腕拨球的动作，然后两人互换。

步骤

完整动作的练习：两人相距3～4米，做传球练习。

学习重点

1. 双手伸臂发力，手腕由内向外翻转，拇指下压，食指、中指拨球。
2. 传球时可分为四个环节：蹬地——伸臂——翻腕——拨球。
3. 传球后两臂平行向前，向着传球的方向，手部动作是四指向前，拇指向下。

易犯错误及纠正方法

1. 传球时手腕翻转不够，两肘外张。

纠正方法：要求传球时拇指下压，传球时语言提示"伸翻"接球。

2. 持球手法不正确，两手接触球的部位不正确。

纠正方法：两手握住球的后下方，两拇指间的距离在四五指指距之间，手腕与前臂保持平行，不要出现夹角角度。

2 双手击地反弹传球

双手击地反弹传球是通过地面的反弹传给同伴的一种传球方法，具有不被对方抢断的优点，常用于防守队员距离较近时或向内线传球时。

运用时机

反弹传球是一种比较隐蔽的传球方法，在比赛中实用性比较高，不受方向和位置的限制，外线和外线之间、外线和内线之间都可适用。但这种传球由于要通过击地反弹才能传到同伴手中，所以相对来说比较慢，但不影响任何动作的运用。

动作方法

双手反弹传球的击地点一般应在传球人距离接球人三分之二处，球向后旋转击地反弹后，球减速向斜上方弹起，便于接球，传球手法与双手胸前传球相同但腕指用力要大，如用力不够，反弹高度就低，不利接球。

学习步骤

步骤

先徒手模仿，再两人一组，练习原地双手反弹传球，掌握好球的击地点。

第二章　篮球进攻基本技术

步骤

两人传球，一人安排在中间防守，消极防守，不断球，进攻人根据防守位置，选择击地点。

学习重点

1. 腕、指急促抖动用力，出球快，击地点适当。

2. 用力的方向是前下方，其手臂要迅速向前下方伸展，利用腕指力量将球传出。

3. 球出手角度的大小决定着球反弹的高度。反弹高度一般应在持球队员腰部位置。若角度小，用力不够，球的反弹高度不够，不利于接球，太高容易被抢断。

易犯错误及纠正方法

1. 持球太高，手臂紧张，两肘外展。击地点掌握不好。

纠正方法：强调反弹传球与传平直球的方法相同，只是出手时的用力方向不同，两人在做对传球练习时应注意。

2. 球的落点不正确，使接球人无法接到球。

纠正方法：将传球人与接球之间的距离分成三个等份，球的落点应该在传球人占三分之二，接球人占三分之一的位置，避免落地反弹起来的球不能落到接球人的手中。

3 双手头上传球

应用 这种传球出手点高，实用性强，便于和头上投篮结合，多用于抢获后场篮板球后第一传，外围队员有目的的转移球，以及在内线策应时采用。

运用时机

双手头上传球多用于外线向内线交球时使用，交球时注意向远离防守人那侧传球。但这种传球动作幅度比较大，容易被防守封断，所以尽量加快传球速度，外线传球尽量不要用。

动作方法

双手持球于头上，两肘弯曲，持球手法与双手胸前传球相同。传球时，前臂前摆并内旋，手腕前扣并外翻，拇指、食指中指同时用力向前拨球，将球传出。远距离传球时，要加上蹬地和腰腹力量的配合。

第二章　篮球进攻基本技术

学习步骤

步骤

先徒手模仿练习，重点体会技术动作中向前摆臂和手指手腕拨球的动作。再进行两人近距离相互传球练习，体会传球时的伸展动作。并可适当加长距离。

学习重点

1. 小臂前摆，急促向前扣腕，带动手指用力拨球。
2. 前臂前伸和手腕前扣要快，手指拨球要快，上、下肢用力协调一致。
3. 传球时挺胸收腹，保持身体的平衡，目视传球方向。

易犯错误及纠正方法

1. **传球时手腕翻转不够，两肘外张。**

纠正方法：传球时向后脑摆动不易过大，控制两肘外张的幅度。

2. **手腕的外翻和内扣不够。**

纠正方法：认真体会手指手腕的动作，可以近距离贴墙练习，加强手腕内旋翻转的动作。

4 单手肩上传球

这是单手传球中一种最基本的方法。这种传球的力量大，飞行速度快，经常用于中、远距离的传球。

运用时机

单手肩上传球是一种最常用的传球手段，它的动作比较容易掌握，而且无论是近距离，还是远距离都可采用，一般以习惯用的一侧手传，尤其在快攻中，它是主要的传球方式。

动作方法

以右手传球为例，双手持球于胸前，双脚平行站立。传球时左脚向传球方向迈出半步，左肩对着传球方向，同时将球引到右肩上方，手腕后屈，重心落在右脚上。右脚蹬地、转体，上臂随之向前摆，手腕迅速前屈，通过食指、中指拨球，将球传出。

学习重点

1.蹬地、转体、挥臂和扣腕动作连贯、协调，手指用力方向与传球方向一致

2.持球部位要正确（托球下方），蹬地、转体、甩臂、拨球等动作协调一致。

3.上步引球，肘部外展，蹬地转肩协调，用转肩带动肘部向前摆，并且急促向前伸臂扣腕，手指用力拨球。

学习步骤

步骤

　　徒手模仿练习迈步转体引球的连贯动作。引球动作的练习：双手胸前持球开始，向前迈出一步，将球引至肩上，然后转体，这是传球前的准备工作，应特别注意。

易犯错误及纠正方法

　　1.出手时没有做出挥臂扣腕动作而是推球动作。
　　纠正方法：做徒手模仿练习、强调引球时肩关节拉开，手臂前摆并迅速扣腕。
　　2.持球时肘关节过低。
　　纠正方法：多做徒手练习，反复体会引球时肩关节要拉开，上臂近乎与地面平行。

5 单手体侧传球

应用

单手体侧传球是一种隐蔽的传球方法,该技术常在外线队员给内线队员供球时运用,也可演化成单手体侧反弹传球,其传球技术的要领基本相同,只是如果采有反弹传球,在传球时要向前下方发力拨球。

动作方法

单手体侧传球的持球方法与双手胸前传球的持球手法相同。传球时,手持球后,手臂引球经体侧做弧线摆动,出球的瞬间,传球手的拇指向上,手心向前,手腕稍后屈,出球时,前臂前摆,手腕积极主动前屈,最后食、中指拨球将球传出。

学习重点

1. 跨步与传球的配合要协调、迅速,腕、指急促用力拨动,小臂摆动幅度要小。
2. 传球的开始动作从引球开始,向传球方向划一个半圆的路径,将球传出。
3. 传球时手腕向内扣,手掌心向着内侧,拨球的方向是内侧,传球的高度应该在防守人的腋下位置。

学习步骤

步骤

先徒手模仿体侧传球的手臂动作和手腕动作。体会体侧传球的动作，结合接球技术练习。

易犯错误及纠正方法

1.引球至身体侧面时有停顿动作，传球时没有急促扣腕、拨球，成直臂前挥传球。

纠正方法：模仿练习，持球弧线摆动练习，注意肩、臂要放松。

2.在引球时手臂没有做弧线摆动。

纠正方法：徒手体会球从胸前向一侧做半弧形的引球动作，此动作旨在躲开防守人的防守宽度，可利用一些障碍物进行练习。

6 单手背后传球

应用

这是一种隐蔽的传球方法,当持球者贴近防守者时运用,一般情况在快攻结束时或突破分球时使用较多。

动作方法

左脚向侧前方跨步,上体前倾,侧对传球目标,双手持球后摆到身体右侧时,左手迅速离开球体,右手引球继续沿髋关节横轴方向后摆至臀部的一刹那,右手向传球方向急促扣腕,食指、中指、无名指用力拨球将球传出。在运球中做背后传球时,要与脚步动作协调配合。当右脚跨出接球的一刹那,要迅速后摆并上左脚配合出球。

> **学习重点**
>
> 1.持球手后摆至臀部,急促扣腕,手指用力拨球,摆臂与脚步动作的配合要协调。
>
> 2.手臂在背后划一个半圆,传球手的外侧三个手指用力拨球,将球传出。
>
> 3.传球时非传球手的肩要跟随传球的动作向前送,动作要连贯不要脱节。

易犯错误及纠正方法

1.传球时手臂的动作脱节,手臂到身后时有停顿。

纠正方法:传球的全过程是从双手持球开始,不能将传球的过程分解为身前和身后两个部分。

2.传球时身体主动躲球,使传球的速度与方向发生改变。

纠正方法:在传球的过程中,身体的动作不发生变化,胳膊不要与球发生接触,手臂要划一个半圆从身后将球传出。

学习步骤

步骤

原地对传练习：两人一组，相距3～4米，接球后用左手做背后传球，再接球时，用右手做背后传球。

步骤

在原地练习熟练后，进行行进间练习。开始速度不宜太快，逐渐加快速度，练习至运用自如方可。

7 双手胸前接球

双手接球是最基本的接球方法，也是在比赛中运用最多的动作之一。其优点是握球牢稳，易于转换其他动作。而且双手接球的稳定性比较好，可以结合其他动作达到超越对手的目的。

动作方法

1. 双手接胸部高度的球：

接球时，两眼注视来球，两臂伸出迎球，手指自然分开，两拇指成"八字"形，手指向前上方，两手成一个半圆形。当手指触球后，两臂随球后引缓冲来球的力量，两手握球于胸腹之间。保持身体平衡，做好传球、投篮或突破的准备。

2. 双手接头部高度的球：

方法与双手接胸部高度的球相同，只是两臂向前上方迎球伸出。

3. 双手接低于腰部的球：

接球时屈膝降低重心，一条腿向来球方向迈出一步，上体前倾，眼睛注视来球，双手伸出迎球。当手指触球后，两臂随来球后引，握球于胸腹之间，成基本站立姿势，以便转换或衔接其他进攻动作。

4. 双手接反弹球（折线球）：

接球时，迎球跨步，上体前倾，眼睛注视来球反弹的高度，两臂迎球向前下方伸出，五指自然张开。手指触球后，两手握球顺势将球移至胸腹间，保持身体平衡。接球速较快的来球时，两手可分成上下位置接球，接球后，双手保持平行，置球于胸腹之间。

5. 双手接地滚球：

接球时一般要向来球方向迈出一步，身体下蹲，眼睛注视来球，两手向来球方向伸出，手心向前，手指朝下。触球后顺势将球握住，随即保持基本持球姿势。

学习重点

1. 双手伸出迎球，手指尖触球立即后引于胸腹前，恢复基本姿势。
2. 屈膝降低重心，屈肘后引球，减缓来球的力量。
3. 两手成"漏斗"形状，宽口向着来球方向，窄口向胸前，避免球从两手间穿过击中胸口。

易犯错误及纠正方法

1. 接球时双手不伸出迎球，两手掌心相对，五指分不开。当手指触到球时，手臂没有顺势后引、缓冲。

纠正方法：注意接球的手型。手指自然分开，自抛自接体会"迎球"和"后引"缓冲动作。

2. 接球后没有将球调整到传球前的姿势，影响下一个动作的完成。

纠正方法：传球——接球——传球是一套连贯的动作，接球后要做好下次传球或做其他动作的准备，所以无论接任何方向的球，都要将球回收到胸腹之间的位置，为下面的动作做准备。

第二章　篮球进攻基本技术

 ## 单手接球

应用　单手接球控制的范围大,能接不同方向的来球,动作比较灵活,但是单手接球不如双手接球牢稳,因此在一般情况下应尽量用双手接球。

动作方法

单手接球时,接球手向来球伸出,手指自然分开,手掌成勺型,当手指触球时,手腕主动向内屈,并顺势将球向腹前引,另一手主动迅速配合握球,双手持球置于胸腹之间,并成基本持球姿势。

学习步骤

步骤

自抛自接练习。将球抛至篮板位置或者墙壁也可以,利用球的反弹,练习单手接球。

第二章　篮球进攻基本技术

步骤

两个人面对面练习单手接球和单手传球。

学习重点

1. 手臂要迎出去接球，接到球后要顺势后引，缓解来球的力量。
2. 接球时腕要直立，掌心空出，控制住球的方向。
3. 接球动作的结束即是其他技术动作的开始。接到球后要迅速调整到基本姿势，做好下次传球准备。

易犯错误及纠正方法

1. 接球时手臂不主动伸出迎球。

纠正方法：在练习时要反复提醒自己，手臂要伸直，不能用半臂的距离来泄力，而是用全臂的力量来缓解来球的冲力。

2. 用手挡球而不是引球。

纠正方法：来球后要顺着来球的力量向后引，如果没有引球的动作，球与手掌形成90度的角，球会自然下落，无法控制。所以要多体会引球的动作，形成一种习惯，对控制传过来的球很有帮助。

第五节　持球突破技术

　　持球突破是持球队员合理运用脚步动作与运球技术，快速超越防守的一项攻击性进攻技术。

　　篮球比赛中，持球突破作为主要进攻手段，体现了进攻的积极性、主动性和攻击性，对防守者具有较大的威胁。进攻队员要根据进攻战术需要、攻防节奏的变化，善于把握突破时机，合理运用突破技术，扰乱防守阵形，打乱防守秩序，为同伴创造进攻良机。同时，突破队员要增强个人进攻的威胁性，直接突破投篮，并且要善于将投篮、传球及其假动作结合运用，充分发挥突破技术的攻击性，以掌握进攻的主动权。

一　持球突破技术动作分析

　　持球突破是持球队员运用脚步动作和运球技术快速超越对手的一项攻击性很强的技术。掌握良好的突破技术和突破时机，既能直接切入篮下得分，又能打乱对方的防守部署，创造更多攻击配合，增加对手的犯规，从而获得更多的罚球次数，给对方造成很大的威胁。

　　持球突破技术动作主要由蹬地转体、侧肩探肩、推放球、加速运球四个环节组成。

　　（一）蹬地转体：原地持球队员必须迅速、有力的蹬地才能迅速起动突破对手。在突破时，屈膝降低重心并上体前倾，使身体重心前移，从而提高移动的水平速度。突破时跨出的第一步要稍大些，抢占有利的突破位置，跨出的脚要落在紧靠对手的侧面，脚尖向着突破方向，以便第二步蹬地加速突破防守。

　　（二）侧肩探肩：上体前移与转体侧肩探肩同时进行，以肩领先，重心向内靠，内侧手臂前摆，对准突破方向，侧肩为了身体所占空间变小，能争取到很小的突破空间，探肩是将重心前移，抢占有利的位置，便于突破对手和保护球。

　　（三）推放球：突破前，双手持球于腰胯部位。在转体探肩的同时将球体向侧前移，同侧手扶球的后上方部位，另侧手托球的下部。突破时立即向前下方推放球，要做到以球领人，以利于衔接下一个动作和发挥速度。

　　（四）加速运球：在完成上述动作之后，中枢脚的前脚掌用力迅速蹬离地面，移动脚继续配合蹬地，加速向前运球，超越防守。

二　持球突破运用的时机

　　（一）当防守人未占据合理位置，出现位置偏差时。
　　（二）当防守队员身体重心上提或前移时。
　　（三）利用突破吸引防守，为同伴创造进攻机会时。
　　（四）对方犯规较多，以持球突破达到"杀伤"对方有生力量或获得罚球的机会。
　　（五）利用突破打乱防守部署，为本队创造良好的进攻机会。

三 持球突破的作用

在篮球运动中运球和持球规则的规范也在不断的变化，由于"身体接触是比赛的一部分"这一理念逐渐被大众所可并应用，使得在持球突破技术上有了全面的改进和发展，而该技术也成为了现在篮球技术中的重要技术之一。

持球突破技术可作如下分类：根据支配球的状态分为原地持球突破和运球突破；根据摆动腿和中枢脚的动向分为交叉步突破、顺步突破（又叫同侧步突破）、持球后转身突破；根据突破的性质分为利用假动作突破、强行突破。在持球突破技术中，某些基本的动作，如蹬地、转体探肩、放球、加速等是相对固定的，而且也有比较固定的动作结构特点；但这些动作作为成套的完整动作则是不固定的，需要根据具体情况随机应变。本书只在指导学习者掌握基本的持球突破动作，仅从摆动腿和中枢脚的动向关系做交叉步突破和顺步突破的介绍。

 **原地持球顺步突破**

应用 顺步突破的特点是，突破方向与跨步方向相同，起跨突然迅速。运用时，对中枢脚移动和放球、加速运球之间的协调配合要求较高；配合欠佳，易造成走步违例。

动作方法

以左脚作中枢脚，突破时，准备姿势动作要求与交叉步相同。两脚左右开立，两膝微屈，身体重心降低，持球于胸腹之间。先做瞄篮假动作，吸引防守的注意力，右脚向右前方跨出一步，向右转体探肩，重心前移，右手放球于右脚的侧前方，左脚迅速蹬地上步，超越对手。

学习重点

1. 中枢脚要踩实，不要移动，避免造成突破时的走步违例。
2. 做投篮假动作时，要保持膝盖的弯曲，不要有起伏。
3. 在做突破时，有蹬地、跨步、转体、侧肩、放球、加速的动作。
4. 移动脚与球落地要同时进行，在中枢脚抬起前要将球落地。

第二章 篮球进攻基本技术

学习步骤

持球瞄篮假动作的练习

持球突破第一步动作的练习

持球突破放球动作的练习

步骤
完整持球顺步突破动作的练习。

易犯错误及纠正方法

1.持球突破时，中枢脚移动或放球晚造成违例。

纠正方法：在脑海里重复标准化的蹬地、推放球动作。分两个步骤进行练习，第一步是跨步落地的同时运球，第二步是蹬地加速，中枢脚抬起。

2.持球突破时第一步太小，重心高。

纠正方法：借助障碍物进行练习。设立一个障碍物为防守队员，在防守队员的身后位置划一个标记，这个标记要贴近防守，又能提高突破时第一步的幅度，然后进行反复的练习。

篮/球/入/门——升级版

2 原地持球交叉步突破

 原地持球交叉步突破是突破技术的基础，常在防守队员靠近时采用。其特点是跨步后与防守队员接触面小，便于跨步、抢位保护球。

动作方法

以右脚作中枢脚。两脚左右开立，两膝微屈，身体重心降低，持球于胸腹之间。突破时，左脚前掌内侧迅速蹬地，上体右转，右肩下压，左脚向右前方跨出一大步，放球与左脚侧前方，中枢脚用力蹬地，迅速上步，超越对手。

学习重点

1.持球突破前的假动作要尽力做的真实，使防守队员正确的防守位置发生改变，突破队员才能找到突破的机会。

2.突破时的侧肩是要将身体所占的空间变小，利于在很狭小的空间找到突破的机会。而探肩要配和蹬地的力量，起到加速超载对手的目的。

3.突破时出脚的位置尽量贴近防守队员，抢占有利的位置，使防守队员可移动的防守位置受到限制，将有利的因素留给进攻队员。

易犯错误及纠正方法

1.持球突破时，转体探肩不够，不注意保护球。

纠正方法：原地练习转体探肩的动作，拉抻腰部韧性，加大拉伸的幅度。

2.持球突破时不敢贴近对手切入，而是绕一个弧线躲离对手。

纠正方法：约束自己在突破的一刹那，必须主动与防守发生身体的接触，抢占有利的位置和时机，抑制防守的移动方向，突破对手。

学习步骤

步骤

先体会脚部动作，做持球左右假动作的练习。

步骤

在原地练习熟练后,进行行进间练习。开始速度不宜太快,以传稳传准为准,逐渐加快速度,练习至运用自如方可。

第三章 抢篮板球技术

第一节 抢篮板球技术

第一节　抢篮板球技术

比赛双方在空间争抢投篮未中的球，称之为抢篮板球。进攻队员在空间争抢到投篮未中的球，称之为前场篮板球或进攻篮板球；防守队员在空间争抢到投篮未中的球，称之为后场篮板球或防守篮板球。

抢篮板球技术分为抢进攻篮板球和防守篮板球两种，是由判断与抢占位置、起跳抢球动作、和获得球后动作所组成，因此在训练中将这些动作有机地联系起来，进行全面训练。同时，还应将抢篮板球看作是战术训练的重要组成部分。

一　判断与抢占位置

抢占有利位置是抢篮板球技术关键，对能否抢到篮板球起着积极作用，而准确掌握投篮后球的反弹规律判断球的反弹方向、距离、落点也是抢篮板球时抢占位置的关键。无论进攻或是防守队员都应设法占到对手与球篮间的有利位置，力争把对手挡在身后，在抢占位置时，应根据对手和投篮队员的所处位置，结合对不反弹方向、距离的准确判断，运用快速的脚步动作配合身体动作抢占有利位置。

抢占有利位置要掌握投篮不中时球的反弹规律。

一般情况下，篮板球的反弹规律是投篮距离与球反距离成正比，投篮距离远则反弹距离远，反之，投篮距离近，反弹距离近，再者，投篮出手弧度与反弹距离也有关，弧线高反弹近，弧线低反弹远。

不同投篮位置、角度不同，球的反弹方向也不同。从两侧左15度右15度角投篮时，球反弹方向是在球篮另一侧15度区域或反弹回来。从两侧45度区域投篮未中时，球反弹方向是在球篮另一侧正中。从65度区域投篮不中时，球反弹方向落点区域在限制区两侧和罚球线内。在0度角投篮时，一般球的反弹方向是在篮另一侧底线地区，或反弹回同侧地区，根据统计，大多数的反弹球落在5米左右半径内。

抢占有利位置时，既要迅速准确地分析和判断及快速移动，又要兼备正确的技术动作和熟练的脚步动作，同时还要利用肢体语言进行各种虚晃和转身动作，以便摆脱对手抢占有利位置，准备起跳和伺机抢球。

二 及时起跳抢球动作

及时起跳并在最高点抢到球，是抢篮板球关键，只有准确地判断球的反弹方向和高度并及时起跳才能获得篮板球。为了能更好地控制篮板球，就应学会在各种情况下能用两只脚原地起跳，同时还应结合滑步、上步、撤步、跨步和转身等步法来调整技术动作。

起跳动作方法：抢占有利位置时，身体应保持正确的起跳姿势：起跳前，两膝微屈，重心降低上体稍前倾，两臂屈肘举于体侧，身体重心置于两脚之间，注意观察和判断球的反弹方向，及时起跳。起跳时两腿用力蹬地、提腰、两臂上摆，同时手臂向上伸展，腰腹协调用力，充分伸展身体，并控制好身体平衡。大量实践证明，抢占位置能力强，起跳时间掌握的好，爆发力强，起跳快，纵跳高，方向正确，滞空能力强，出手快的球员，得到球的机会多。要达到上述条件，就必须加强身体训练，提高速度力量、柔韧性、空中滞留时间和弹跳能力，特别是弹跳的爆发力、连续起跳能力和空中控制能力的训练。

空中抢球动作

应用

空中抢球动作：根据进攻和防守队员的位置和球的反弹方向及落点，抢球动作可分为：双手、单手抢篮板球和单手点拨球。

双手抢篮板球

特点： 双手抢篮板球的触及球高点不及单手，但控制球比较牢固，更便于保护球和结合其他动作，尤其是学防守队员抢占有利位置时，运用双手抢篮板球更有利。

动作方法： 跳起腾空后腰腹肌用力控制身体平衡，身体充分伸展两臂，用力伸向球的方向，以提高制高点和扩大占据空间；当身体和手达到最高点时，双手指端触球的一刹那，双手用力握球，腰腹用力，迅速屈臂交球位于胸腹部位，同时双肘外展，保护好球。高大队员抢到球后，为避免被对手掏掉，可以双手将球举在头上保护好球。

> **学习重点**
>
> 1. 正确掌握下肢蹲下去的角度，利用镜子观察是否正确。
>
> 2. 用眼睛去观察，膝盖与脚尖是否垂直，膝盖超过脚尖或看到脚尖都是错误动作。
>
> 3. 上体保持含胸收腹，两臂自然下垂。有球时将球置于胸腹之间，目视前方，观察场上情况。

第三章　抢篮板球技术

单手抢篮板球

特点：触球点高，抢球空间大，抢球速度快，灵活性好，但不足之处是不如双手握球牢固。

动作方法：起跳后，身体在空中充分伸展，达到最高点时，用近球侧手臂尽量向球伸展，指端触球迅速屈指、屈腕、屈肘由臂，将球位于胸腹部位，同时双腿弯曲，保持身体平衡，以便结合其他技术动作。

程序

在进行单手抢篮板球，应注意以下几点：一是挡人，判断球落点、起跳、伸展、触球及收臂拉球、护球等动作要连续；二是在抢到球向下拉时，速度要快而有力，同时如果正面有对手应在空中作转体动作用背部或侧身对着对方，保护好球。

点拨球

特点：点拨球是遇高大队员或身体距球较远不易获得球时，运用点拨球的方法将球点拨给同伴或便于自己截获球的位置，其优点是触球点高、缩短了传球时间、有利于发动快攻一传，缺点是容易受对方抢篮板球队员的干扰，使点拨球的准确性较差。

动作方法：与单手抢篮板球相似，是用指端点拨球的侧方、侧下方。在点拨球时应力争做到落点准确、拨球力量适中，便于同伴接球及自己便于跳起抢球。

抢到篮板球之后

第三章　抢篮板球技术

当进攻人抢到篮板球后，应尽可能在空中将球补投进篮筐，如果没有投篮机会，迅速将球传给同伴，重新组织进攻，防守队员抢到篮板球后，力争在空中将球传给同伴完成发动快攻一传，若空中不能直接传，落地后应迅速传出或运球突破后及时传给同伴。

动作方法

抢到球落地后，应紧紧握牢，两脚分开，前脚掌先着地，两膝屈，保持身体平衡，两肘外展保护好球，若对手在身体后面，则将球尽量远离防守队员，并利用转体跨步不断移动球的位置，左右上下挥摆，防止对方将球打掉，高大队员在得球后，可将球置于头上，这样更易于传球或护球。

配合与战术组织

篮球比赛竞争的日益激烈，对篮板球的要求在争夺上不但要提高个人意识和技术，而且还要发挥集体拼抢的意识和战术，利用集体的配合，将个人行动和集体配合结合起来，充分发挥集体优势。因此抢篮板球不仅是个人技术动作，而且是战术的组成部分。在抢进攻篮板球时，位于限制区两侧和罚球线三个方面的队员应组成三角型冲抢篮板阵势，每名队员都要明确自己的目的、任务、攻击点以及了解同伴投篮特点及时冲抢。冲抢防守篮板球时，内线队员在篮下形成三角包围圈，分工要具体明确，把进攻队员挡在外面，让同伴去抢篮板球。

3 抢篮板球技术的运用时机

空中抢球动作：根据进攻和防守队员的位置和球的反弹方向及落点，抢球动作可分为：双手、单手抢篮板球和单手点拨球。

双手抢篮板球

（一）抢进攻篮板球

1.处于篮下或内线队员抢进攻篮板球

当同伴或自己投篮时，靠近篮下的队员要及时判断球反弹的方向，同时以虚晃动作变向，挤到对手的身前或身侧前方，利用跨步或助跑起跳，跳到最高点进行补篮或抢篮板球。

2.处于外围位置队员抢篮板球

当同伴投篮，进攻队员面向球篮时，首先要观察对手的动向，判断球的反弹方向、速度和落点后，突然起动冲向球反弹的方向进行补篮或抢篮板球。以从防守人身后左侧冲抢为例，进攻队员面向球篮时，右脚向右侧跨步，佯做从右侧去抢篮板球，随后以右脚为支撑脚，左脚向左跨出一小步，重心至左脚，同时右脚即向前跨步绕到防守人前面，挤靠防守人，跳起抢篮板球或补篮。

（二）抢防守篮板球

1.处于篮下防守时

进攻队员投篮时，根据对手移动情况和位置，运用上步、撤步和转身等动作把进攻队员挡在身后，并抢占有利位置。在篮下抢位挡人时，一般采用后转身挡人，降低重心，两肘外展，抢占空间面积，保持最有力的起跳姿势。

2.防外围队员抢篮板球时

当进攻队员投篮，防守队员面向对手时，首先要观察判断对手动向，采用合理动作利用转身阻止对手向篮下移动，并抢占有利于自己的位置。起跳抢篮板球时，在两臂上摆同时，两脚前脚掌用力蹬地，身体和手臂尽力向球的方向伸展，达到对高点，用单手、双手或单手点拨球的方法抢球。最好在空中将球传给同伴，完成发动快攻第一传；若在空中不能完成一传，落地时应侧对前场，观察情况，迅速传球发动快攻或突破摆脱防守，以便及时将球传给同伴。

（三）篮板球技术及起跳时机的分析

抢篮板球技术由观察判断、抢占位置、起跳、空中动作、落地后动作五个环节组成。起跳是抢篮板球技术中重要部分，是为了更好发挥空中抢球技术的重要环节，起跳的关键是要掌握起跳时机。

1.观察

观察是掌握、选择最恰当的抢篮板球起跳时间的首要前提，它是通过运动员的视觉器官在篮球比赛中获得直接感性认识的来源。

2.判断

判断是理性认识的表现(内在的)，它是在感性认识的基础上产生和建立起来的。具体表现在运动员作好起跳前的观察后，立即对球的反弹方向、速度球的上升高度和下落时间做出正确的判断，在正确判断球的反弹方向、速度、落点的基础上，精确判明球的下落时间和高度，是掌握和选择最恰当的起跳时机的关键所在。

3.起跳

起跳时机的掌握对运动员来说，这只是一种内在的心理表现。然而，起跳动作的完成时间则是起跳时机选择好坏的外在表现，它影响运动员抢篮板球的技术发挥，它是反映运动员抢篮板球的能力的重要标志。

学习步骤

第三章　抢篮板球技术

程　序

原地模仿抢篮板球手部动作的练习：自抛自接，用左手将球抛向空中，用右手的指尖触球，掌心向前，将球引至胸前，左手配合着将球握住。

程　序

在撑握了抢篮板球的基本手法后，练习冲抢进攻篮板球。掌握投篮不中时球的反弹、落点的规律。

程序

练习抢防守篮板球的挡抢技术，按照移动、抢位、挡人、起跳、抢篮板球的顺序进行训练。

易犯错误与纠正方法

（一）抢进攻篮板球时，判断球的反弹方向不够准确，盲目起跳。起跳高度不够。球被轻易打掉。

纠正方法：注意起跳前要弯腿，重心下降，双脚蹬地有力，同时双臂用力上摆，手臂和躯干要协调用力。得球后要立刻双手握球，贴近身体或持球协同跨步动作挥摆球。

（二）抢防守篮板球时，投篮出手后立刻回头看球而不看人，或相反，看人不看球。挡人动作过大造成犯规。未保护球，被轻易打掉。

纠正方法：进攻人投篮后，防守人要侧对进攻人，观察其动向，进攻人向前冲抢时，防守人要降低重心，向其移动路线上顺跨一步缓冲，利用背部感觉其位置，随时移动阻挡，抬双臂外展、屈肘、占据空间。

学习重点

（一）首先要判断准确，掌握好球碰击篮筐或篮板后的反作用力所造成的时间延迟，处理好起跳的时间。

（二）抢进攻篮板球时要突出抢球移动、及时起跳和单双手抢球动作方法。

（三）判断球的落点，主动与进攻人接触；利用跨步、转身、侧挡动作阻挡进攻人；在跳起抢球时，顺势高举手臂，占据空间；手指接触球后，利用至上而下短促有力的扣腕、屈肘引球动作将球控制好。

第四章
篮球个人防守基本技术

第一节　防守移动技术
第二节　抢球、打球、断球、"盖帽"技术
第三节　个人防守技术

第一节 防守移动技术

1 后撤步技术

应用

撤步是防守队员为了保持有利的防守位置，特别是当进攻队员从自己外侧持球突破或摆脱时，常用后撤步移动并与滑步结合运用。

动作方法

撤步时，用前脚掌内侧蹬地，加上腰部用力后转动（转髋），同时后脚碾地，前脚后撤，紧接滑步。

学习步骤

程序

慢动作模仿后撤步的动作：体会后撤步动作的方法，模仿蹬地、转髋、碾地动作以及双手的配合。

学习重点

1. 用力蹬地、转髋、用力碾地，撤步不要大于45度。
2. 撤步时不要过大，撤步接滑步要快，手脚协调配合。
3. 撤步的方向要控制好，应向斜后方撤步，不能撤开的角度过大。

第四章 篮球基本情况介绍

程序

前滑步、撤步、侧滑步练习：使学习者掌握前滑步接撤步和接侧滑步的衔接动作。要求做配合练习的进攻队员做突破动作（在防守队员前脚的外侧）时，防守队员撤步时角度不要过大（大约45度），撤步接滑步要快，当进攻队员做投篮时，防守队员前滑步要快。

易犯错误与纠正方法

1. 撤步脚没有用内侧脚掌用力蹬地，后脚没有碾地。

纠正方法：体会用前脚掌内侧蹬地的脚步动作，后脚的脚后跟微微抬起，用前脚掌碾地，配合蹬地脚的动作。

2. 撤步角度过大。

纠正方法：撤步的角度不能太大，不能超过45度角，否则就是给进攻队员开了一扇门，没有起到防守的作用。

滑步技术

滑步是防守的主要移动步法。特点是移动速度快,重心转移快,控制身体平衡,可向不同方向移动,堵截进攻或移动路线。根据滑步时移动的方向滑步可分为侧滑步(横滑步)、前滑步、后滑步三种。

动作方法

1.侧滑步

侧滑步时(向左侧滑步)左脚向左跨出一步,脚跟先着地过渡到全脚掌,落地的同时,右脚前脚掌内侧快速用力蹬地,并贴着地面滑动,跟随左脚移动。移动中身体保持要在一个水平面上,不要上下起伏,重心始终在两脚之间。向右滑步时动作相反。前滑步时,由前后站立姿势开始,向前滑步时,后脚的前脚掌内侧蹬地,前脚向前跨出一小步,着地后后脚紧随着向前滑动,保持前后开立姿势,注意屈膝降低重心。

2.前滑步

两脚前后开立,向前滑步时,前脚向前迈步的同时,脚尖指向滑动方向,后脚内侧用力蹬地,跟随向前滑动。滑动时,上体稍前倾,前脚同侧臂前伸,异侧臂侧伸,保持前后开立的低重心姿势。

3.后滑步:

与前滑步相同,但用力方向相反。

学习步骤

程 序

快速滑步动作的练习：两人一组，一人进攻，一人防守，进攻队员做无规律性的突破，让防守练习滑步。

学习重点

1. 两脚协调配合，动作要迅速，保持低重心，重心要平稳，身体不要上下起伏。
2. 前侧脚跨步的动作幅度要大，由脚后跟过渡到前脚掌。
3. 两脚要避免发生碰撞，并保持在一条直线上滑动。
4. 滑步时手臂要尽量张开，扩大防守的面积，制造声势。

易犯错误与纠正方法

1. 蹬地与迈出脚不是同时，而是先蹬后迈或是先迈后蹬，使滑步动作不协调不连贯。

   纠正方法：做慢动作的练习，体会脚蹬地与迈步的时间要统一。

2. 滑步时重心上下起伏。

   纠正方法：加强腿部力量，强调屈膝低重心，以慢动作来练习，使运动员体会蹬、迈的正确动作，纠正身体上下起伏的错误动作。

3 交叉步技术

交叉步是防守移动的一种方法，为了及时地起动，抢占有利的防守位置，有时需要用交叉步结合其他脚步动作来完成。

动作方法

交叉步向右移动时，左脚前脚掌内侧用力蹬地，右脚碾地，上体随之右转，左脚迅速从右脚前面向右侧横跨，转移和控制身体重心，以便衔接奔跑或滑步动作。

学习步骤

原地模仿交叉步动作练习：体会下半身向着跑动方向，上半身侧向场内，观察场上情况。

程序

在慢跑中体会交叉步动作的练习：利用篮球场地，体会在跑动中做交叉步的练习。

程序

配合撤步、滑步、交叉步进行练习。

学习重点

1. 两脚交叉动作要快而协调，脚的碾地和身体随转要配合好。
2. 眼睛要观察场上情况，身体的角度要根据场上的情况而定。
3. 手臂正常随着身体的移动而摆动。

易犯错误与纠正方法

1. 重心太高，上肢与下肢动作不协调。

纠正方法：注意重心要降低，保持在一个水平面移动。上肢向着进攻人和球的方向，观察场上情况，下肢向着跑动方向。

2. 脚的方向与跑动方向不一致。

纠正方法：脚的方向要与跑动方向保持一致，不能用跳步进行移动。

第二节 抢球、打球、断球、"盖帽"技术

抢球、打球、断球、"盖帽"是攻击性很强的防守技术，它是积极防守技术的基础。

防守时要大胆判断、准确地运用抢球、打球、断球的技术，最大限度地干扰和阻挠对手传球、运球和投篮，力争控球权，为反击快攻创造有利的时机。

 **抢球、打球、断球、"盖帽"技术分析**

（一）准确的判断，看准球的位置、球的移动路线，以及球的速度和球到的位置。

（二）移动要迅速，起动要突然。突然跃出，接近对手。

（三）手部动作正确，在看准时机的同时，手臂的伸、拉、挡、截，手腕和手指的拍击、点拨、扭转、封盖等动作，要迅速果断。

（四）抢球、打球、断球、"盖帽"不成功时，要以最快的速度恢复正确的防守姿势和重新选位。

 **抢球、打球、断球、"盖帽"技术的运用**

（一）抢球时，首先要判断好时机，在持球队员思想松懈或没有保护好球，而使球暴露比较明显时，迅速接近对手，以快速敏捷有力的动作，把球抢夺过来。抢球的主要时机有：当对手刚接到球时、当对方持球转身时、当对手跳起接球下落时、当对方运球停止时、当持球队员只注意防守他的队员，而忽略其他防守队员时。

（二）打球时，当进攻队员持球、运球、投篮时，防守队员可以用快速的脚步移动，抢占有利位置，掌握好时机，进行打球。打球时，动作不可过大，用力不要过猛。当进攻队员接到球的一刹那，保护球不好或因观察场上情况而放松警惕时，防守队员突然上步打球。

（三）断球时，当球刚由传球队员手中传出的一刹那，迅速起动，跃出身体将球截获。

（四）"盖帽"时，当投篮队员的球刚离手的一刹那或球飞向篮圈而没有下落时，防守队员立即跳起将球打落，"盖帽"前，要根据进攻队员的投篮动作及其身高和弹跳等特点，迅速接近他，选择好恰当的位置，准确的判断他出手的时间，及时起跳将球打落。

1 抢球技术

抢球是从进攻队员的手中夺取球的方法。抢球时，首先要判断好时机，在持球队员思想松懈或没有保护好球，而使球暴露比较明显时，迅速接近对手，以快速敏捷有力的动作，把球抢夺过来。抢球时手部的动作方法有两种：拉抢、转抢。

动作方法

抢球时，首先要判断好时机，在持球队员思想松懈或没有保护好球而使球暴露比较明显时，迅速接近对手，以快速敏捷有力的动作，把球抢夺过来。抢球时手部的动作方法有两种：

拉抢：防守队员看准对手的持球空隙部位，迅速用两手抓住球后突然猛拉，将球抢夺过来。

转抢：防守队员抓住球的同时，迅速利用手臂后拉和两手转动的力量，将球从对手中抢过来。

抢球时，为了加大夺球力量，可以利用转体动作，迫使对手无法握球。如果抢球不成功时，应力争与对手造成"争球"。

第四章 篮球基本情况介绍

学习步骤

程　序

两人一组，共同持球，听教练信号后同时进行抢球练习。

程　序

三人一组，一传、一接、一抢组合练习。

学习重点

1. 动作短促有力，掌握好抢球的时机。
2. 抢球的动作幅度不要过大，隐蔽性要强。
3. 抢球时的身体动作与手臂动作配合要协调。
4. 在抢球的过程中要避免犯规。

易犯错误与纠正方法

1. 抢球的位置不合适，拉到进攻人的手。

纠正方法：当决定要进行抢球的时候，要选择好时机，抢球的手法要果断，不要犹豫。

2. 抢球的动作过大，造成犯规或被进攻人发现，抢球不成功。

纠正方法：抢球的动作要隐蔽，动作要突然，做好抢球不成功及时恢复正常防守位置的准备。

打球技术

打球就是击落对方手中球的方法。当进攻队员持球、运球、投篮时，防守队员可以用快速的脚步移动，抢占有利位置，掌握好时机，进行打球。打球时，动作不可过大，用力不要过猛。

动作方法

1. 打球队员手中的球：当进攻队员接到球的一刹那，保护球不好或因观察场上情况而失去警惕时，防守队员突然上步打球。打球方式有两种：由下而上、由上而下。进攻队员持球部位较高，一般采用由上而下的方法打球。打球时，掌心向上，用手指和指根击球的下部。如持球低，则多采用由下而上的方法打球。打球时，掌心向下，用手指和手掌外侧击球的上部。

2. 打运球队员手中的球：以右手运球为例，当运球队员向前推进时，防守队员侧后滑步移动，用右手臂堵住运球队员左面，防止他向自己的右侧变向运球，左手臂干扰运球，当球刚从地面弹起，尚未接触运球队员手肘时，及时用手，以短促的手指手腕的力量从侧面将球打出，并及时上前抢球。

3. 打行进间投篮队员手中的球：进攻队员运球上篮时，防守队员要随之移动，当运球队员跨出第一步接球时，就要靠近他，当他跨出第二步起跳举球时，迅速移动到他的左侧稍前方，用手从他的胸部向下将球打落。在打球的过程中，防守队员的脚步伴随投篮队员移协，保持适当的距离，这样才能掌握打球的时机和取得有利的打球位置。

学习步骤

程序

模仿打球的动作方法。

第四章　篮球基本情况介绍

> 程　序
>
> 两人一组，一人持球，另一人听教练信号后打掉对方手中的球。

> 程　序
>
> 两人一组，一人运球，另一人听教练信号后打掉对方运着的球。

学习重点

1. 用手指和掌根击球，动作突然、快速、幅度小。
2. 打球的位置要远离进攻人的手。
3. 打球的方向可以由上向下打，也可以由下向上打。

易犯错误与纠正方法

1. 打球的动作过大，容易被进攻队员发现。

纠正方法：打球时，要接近进攻人，动作不要太大、太明显，要突然、果断。

2. 打球时重心向前过大，没有控制好重心。

纠正方法：打球时重心应放在后脚的位置，手打球，重心不要发生变化。

115

3 断球技术

断球是截获对方传球的方法。根据传球方向和防守队员断球前所处的位置，一般分为横断球、纵断球和封断球三种。

动作方法

1. 横断球

从接球队员的侧面跃出截获球的动作。断球时，屈膝，身体重心下降，准备起动。当球由传球队员手中传出的一刹那突然起动，单脚或双脚用力蹬地跃出，身体伸展，两臂前伸，将球截获。如果距离较远以加助跑起跳。

2. 纵断球

是从接球队员身后或侧后跃出截获球的动作。当防守队员从接球队员右侧向前断球时，右脚先向右侧前方跨出半步，然后侧身跨出左脚绕到接球队员的前方，左脚或双脚用力蹬地向前跃出，身体伸展，两臂前伸，将球截获。

3. 封断球

是在封堵持球队员传球时截获球的动作。当传球队员暴露了自己的传球意图时，或传球动作较差，防守者可在对方球出手的一刹那，突然起动，伸臂封盖或将球截获。

学习步骤

程序

原地做徒手横跳、纵跳的练习。

第四章 篮球基本情况介绍

程序

结合球做横断球的练习，找一名队员做配合性的传球，使防守队员体会断球的动作。

程序

结合球做纵断球的练习。在对抗比赛中以练习断球为主要目的。

学习重点

1. 准确判断传球意图，掌握起跳时机。
2. 断球前，要有意迷惑对手，欲擒故纵，造成传球者和接球者判断失误。
3. 屈膝降低重心，用力蹬地跃出，身体伸展，单臂或双臂前伸。
4. 断球后要控制好身体平衡，迅速和其他技术动作衔接。若断球未成功，要迅速调整防守位置。

易犯错误与纠正方法

1. 判断出可以断球的机会，但是没有断到球。

纠正方法：当断球机会出现时，不要过早的起跳，要等到球开始下落，但还未到接球人手中的时候再起跳，这样可以抢在接球人之前断到球。

2. 断球后造成走步。

纠正方法：断球后要控制好身体的平衡，一旦断球成功，落地时先落地的脚即是中枢脚，不可以再移动。如果面前有防守人，尽快将球传给同伴，避免走步。

4 "盖帽"

 应用

当投篮队员的球刚离手的一刹那或球飞向篮圈而未下落时,防守队员立即跳起将球打落,称为"盖帽"。"盖帽"前,要根据进攻队员的投篮动作及其身高和弹跳等特点,迅速接近他,选择好恰当的位置,准确的判断他出手的时间,及时起跳将球打落。

动作方法

运用"盖帽"技术时应注意下列几点:

1. 位置的选择

"盖帽"之前,与进攻队员之间的距离,要看进攻队员是处在线内还是线外,是面向球篮还是侧向球篮。对方离篮较近或侧向球篮时,一般距对方30~40厘米左右,如果对方离篮较远或面向球篮时,可离他较远一些,一般在50厘米左右或更远一些。除此以外,还要考虑双方的身高、弹跳和伸展能力。总的来说对手伸臂投篮时,防守队员要能打到球,这是最合适的距离。

2. 起跳时间

当进攻队员起跳时,立即随之起跳,如何掌握起跳时间,做到不早不晚、恰到好处这决定于准确的判断。眼睛要多注意球的移动,不要被对方假动作迷惑。对投篮出手慢的队员,起跳时间可适当晚些,对出手快的队员,可以早些跳。打不到球,也给对方一个威胁,影响其投篮动作和出手角度。

3. 打球动作

起跳后,身体舒展,手臂高举,当对方球出手时,用手腕动作将球拍出或打掉。当进攻队员运球上篮、防守者在侧面追防时,一般可用单脚起跳。从侧面"盖帽"。如果迎面防守,一般可用上步或垫步双脚起跳,从正面"盖帽"。

学习步骤

程序

原地体会起跳、"盖帽"打球的动作。

第四章　篮球基本情况介绍

程　序

两个人一组做配合性练习，进攻队员的投篮动作要放慢，让"盖帽"的队员体会"盖帽"的动作。

程　序

在行进间的跑动中体会，封盖行进间投篮的队员，感受"盖帽"的技术动作。

学习重点

1．打球时，要选择好打球方式和方法。打球动作应迅速突然、短促有力、判断准确、起动迅速，避免无谓犯规。

2．手腕手指力量向侧或向前方点、拨球，动作小而突然。

3．"盖帽"前要降低重心，做迅速短促的移动，选择合适的位置。

易犯错误与纠正方法

1．"盖帽"动作过大，造成犯规。

纠正方法："盖帽"打球时，不要有下压的动作，与进攻队员保持相当的距离，尽量不发生身体接触。实践中反复的练习，可以提高"盖帽"的准确率。

2．没有选择好起跳的时间，球开始下落了才开始"盖帽"。

纠正方法：这是规则不允许的，造成干扰球。要判断好投篮者的起跳时间和投篮习惯，选择正确的"盖帽"位置和打球的方式，合理进行封盖。

119

第三节　个人防守技术

防守技术是防守队员为阻挠和破坏对方的进攻，合理运用脚步移动和手臂动作，积极抢占有利位置，以达到争夺控制球权的目的所采用的各种专门动作的总称。

防守技术是由脚步动作、手臂动作结合对手与球、篮的位置、距离等因素构成。脚步动作是防守者在防守时采用的移动步法，是个人防守技术的基础。防守者运用脚步动作抢占有利位置与手臂动作配合干扰对方传、接球，封盖投篮和抢、打、断球，最大限度地破坏对方进攻，以达到争夺球权的目的。

防守对手有两种：防守无球队员和防守有球队员。

一　防守无球队员任务和要求

（一）防接球

防接球是防守无球队员的首要任务。第一，要求预测性强并积极采取限制或减少对手接触球，特别是在有效攻击区内的接球；第二，一旦处于被动情况，也要积极跟防、追堵，破坏对手顺利地接球。要做到以上两点在比赛中必须：始终保持对手和球在自己的视线范围之内，要做到"人球兼顾"，保持良好的防守姿势，屈膝降低重心，随时能够向任何方向起动，要特别注意起动与移动步法的衔接和平衡的控制，在动态中始终保持在对手与球之间偏向对手一侧的断球路线上，同时伸出同侧手臂形成"球－我－他"的钝角三角形的防守选位。

（二）防摆脱

防守摆脱一般指进攻队员在半场范围内，通过摆脱进入具有进攻威胁的区域，准备接同伴的传球时，防守队员正确组合运用几种移动步法，有效地阻止、延误和破坏其顺利的接球。这种方法同样适用于全场范围内的防摆脱接球。

1.防守外线进攻队员经常摆脱接球的区域

当球在圈顶一带时，防守前锋队员向下摆脱后向上线移动要位接球。当球在右（左）侧45度时，防守后卫队员从另一侧摆脱要位接球。防守技术运用关键：始终保持紧逼错位的防守位置，堵卡接球路线的攻击要快而狠。

2.防守内线进攻队员经常摆脱接球的区域

当球在一侧45度时，防守中锋在罚球线附近向另一侧摆脱后向篮下移动接球。球在圈顶时，防守中锋向下摆脱后上提罚球线一带接球。

防守技术运用关键：攻击步抢前时要快而果断，手臂和下肢配合身体力量，不给对手留有余地。

（三）防空切

当进攻队员将球传给队员时，防守队员及时移动偏向有球一侧错位防守，当进攻队员想向篮下纵切要球时，防守队员应抢前移动，合理运用身体堵截纵切路线，同时伸出左臂封锁接球，迫使对手远离球方向移动。

防守技术运用关键：攻击步卡堵对手时要快而有力，坚决切断其向球的切入路线，迫使其远离球移动。

（四）防外策应

防外策应是对进攻队员企图向"禁区"罚球线外侧接球的一种防守，当球在进攻队员手中，防守的动作、姿势、防守位置的选择与强侧防守时基本相同，但由于是在接近腰线之下的防守要比外线防守离对手更近，这时左胳膊弯曲顶住对手的侧腰部，另一只手臂上扬放在断球路线上，当对手突然移动到罚球线外侧进行策应时，防守队员要迅速地抢步抢位，抢占在对手与球之间的有利位置上，但特别要注意重心的控制。当对手上去接到球时，马上要继续防他反方向移动。

（五）防溜底

当进攻队员直接从底线溜底，防守开始面向球滑步移动卡堵对手，以身体某部位接触对手，跟随其移动，同时伸左臂封锁接球。待对手移动过纵轴线进入强侧时，防守迅速撤左脚半转身贴近对手，伸右臂封锁传球，将对手逼向场角。

二 防守无球队员的技术分析

1. 防守位置

防守时，位置选择非常的重要。正确合理地占据有利位置，是取得主动的重要条件。队员要根据对手、球篮和球的位置与距离，以及对手的身高、速度、进攻特点、战术需要和防守队员自身防守能力来选择防守位置和距离。就一般情况来说，防守队员为了做到人球兼顾，应与球和对手保持一定的角度和距离。站位于对手与球篮之间的偏向球一侧的位置上，与对手的距离要看对手与持球人距离而定，一般离球近则近，离球远则远。如对手速度快，要离对手稍远些。对手离球近又在篮下，要贴近对手防守，可采用绕前防守。总之，防守队员选择防守位置，距离要以能控制对手的行动和随时能协助同伴防守为原则。

2. 防守姿势

正确的防守姿势能保证扩大控制面积和及时向不同方向移动。选择防守姿势与对手和距离球远近有关。

（1）强侧防守

防守距离球较近的对手时，经常采用面对对手侧向球的斜前站姿势。靠近球侧的脚稍在前，屈膝，重心放在两脚之间，便于随时起动去堵截对手摆脱移动的接球路线，干扰对手接球。特殊情况下，为了不让对手接球，在弱侧防守时也可采用这种防守姿势。

（2）弱侧防守

防守距离球较远的对手时，为了便于人球兼顾和协防，经常采用面向球、侧向对手的站立姿势，两脚开立，两腿稍屈，两臂弯曲平伸于体侧。密切观察球和人的动向。

3.防守动作

防守时，防守队员要根据球和人的移动，合理地运用上步、撤步、滑步、交叉步、碎步和快跑等脚步动作。在与对手发生对抗时，重心下降，双腿用力、两臂屈肘外展、扩大站位面积，上体保持适宜紧张度，在发生身体接触瞬间提前发力，主动对抗。合理使用手臂动作不仅能扩大防守空间，干扰对手视线，还能有利于保持身体平衡，快速移动，抢占有利位置。

防守位置、姿势与动作三者之间有密切的内在联系。不同位置、不同姿势、不同动作的有机结合、运用与变化，构成了完整的防守。

 ## 防守有球队员

防守有球队员的主要任务是尽力干扰其投篮，堵截其运球突破，封锁其助攻传球。并积极地失、打、断球以达到控制球权的目的。

（一）防守有球队员任务和要求

1. 防传球

防传球的重点应放在不让对手轻易地把球传向篮下有攻击威胁的内线区域。当进攻队员接球后，防守队员首先要正确选择位置，保持适当距离和调整好身体重心，眼不离球，根据对手的位置、动作和视线，判断其传球意图，挥动手臂进行干扰封堵，特别要防范对手向内线渗透性的传球，尽可能迫使其做转移性传球。如果进攻队员运球成"死球"时，应立即逼近，封其传球出手路线。当对手传球出手后，千万不要只看球不看人，要防止其摆脱切入。

2. 防运球突破

防运球突破是指防守进攻队员的运球、持球突破和运球中的突破。

（1）防运球突破的主要任务是降低其运球速度，改变其运球方向和不让他向篮下运球，防守他在运球中突破。一般情况下，防守队员要积极超前追防，并在移动中降低重心，侧对或面对运球者，保持身体平衡。不要用交叉步移动，要用撤步与滑步，要抢在运球者的前面半步到一步距离进行阻堵，迫使其向边线、场角或双方队员比较拥挤的地方运球。特别在新规则对防守队员由前场退防至自己后场有技术性要求后，就要格外注意超前距离的追截堵位。在这个过程中，不要轻易去打球，以免失去重心或犯规。当进攻队员利用速度变向、急起急停等方法来摆脱防守时，在他变换动作时要及时抢前向后移动，占据有利位置和控制好身体平衡，合理而迅速地变换步法继续进行阻截。在防突破过程中应遵循两条原则：一是堵强，终止其运球；二是放边，迫使其换弱手运球，变被动为主动。

（2）防突破主要指防守进攻队员的持球突破。当进攻队员获得球后，有面向球篮和背对球篮两种情况，要分别采取不同防守方法。

防守面向球篮的持球队员：要注意进攻队员接球的瞬间，往往是突破最有威胁的时机，特别是跳停接球，常常利用错位进行突破。此时，防守队员的选位很重要，要根据进攻队员接球的位置、与球篮距离和角度、来球的方向以及同伴防守位置的情况，要堵强手，放弱手，放一边，保一边，迫使对方改变方向，变换突破步法降低起动速度，以利于自己及时抢角度，利用撤步或滑步，使其无法超越。当进攻队员接球后采取"三威

125

胁"姿势企图突破时，要根据对手的习惯和技术特点，判断其中枢脚和可能的突破方向，不要受其假动作的欺骗，要采取相应的对策。关键在防守对手突破的第一步，要抢前后撤在对手的侧前方，要快而凶狠。当对手跳出第二步时，要迅速用力蹬地，利用滑步紧贴对手，使其不易加速度，阻止其起跳并伺机打球。

背对球突破的防守：一般是在近篮区背向或侧向球篮接球时的防守，防守队员要保持"球－我－篮"的有利防守位置，不宜紧靠对手，要有适当的距离。对手接球后如是两脚前后站立，后脚要以做中枢脚转身突破，必须对其转身一侧多加防范，与对手同侧的脚向后撤半步，手臂侧伸，另一手臂封锁住对手一侧。当他转身变向突破时，防守队员随之后撤，前逼、侧跨步阻截。如果对手接球时两脚平行站立，要根据对手接球位置离篮的远近进行防守，近以防投篮为主，远以防突破为重点，要注意对手的假动作和向两侧转身的突破。

防突破的关键：选好位（选择有利的位置与适当的距离），堵强手（一般是堵他的运球突破），放一边（即让他向外侧突破），快移动（要及时果断地采用撤步、侧滑步等步法），堵路线（堵截对手突破的路线）。

3. 防投篮

防投篮的根本目的就是不让对方得分。因此，防守队员在对手接球后首要的任务是要做到人到。一般采取斜步防守贴近对手（一臂距离，能伸手打到球），并举臂挥动，干扰进攻队员投篮的意图，迫使其改变动作，同时又要用另一臂伸向侧方，防对手运突或传球。要准确判断对手是否真正要投篮，识别其真假动作，及时起跳伸直手臂进行干扰，封堵其出手角度，改变篮球的飞行弧线，降低其投篮命中率。在进攻队员起跳前，不应抬高自己的身体重心轻跳离地。防投篮的关键在于对手投篮出手瞬间手臂及时地干扰和封盖，反应要快。手臂的伸展与角度，能起到破坏对手投篮飞行预定路线的作用。

防守有球队员的技术分析

（一）防守位置的选择

当对手持球时，应站位于对手与己方篮板之间的位置上。一般对手离篮近则应靠对手近些，离篮远则靠对手远些。特别要根据对手的技术特点（善投、善传或善突）以及防守战术的需要进行调整。

（二）防守动作

防守动作是指防守中所采用的基本步法和身体及手臂动作。由于持球队员的进攻特点、意图及与篮的距离不同，防守有球队员的技术动作也有所不同，一般可分为：接近对手（从防无球到防持球的转换）、站立姿势和防守移动三部分。

1. 接近对手

根据对手接球时所处的情况，一般可选择两种方法：在对手接球的一瞬间还未进入攻击状态时，运用碎步或跳步急停突然逼近对手，平步站位，不给其实施攻击动作的机会，限制其行动。要求做到行动果断，"球到人到"，动作有力，保持身体平衡。当对手接球处在即刻攻击状态时，采用滑步接近对手。要求动作短而快的接近对手，用前脚同侧手臂干扰球。重心应向后脚，随时准备撤步、滑步堵截对手突破。

2. 站立姿势

平步防守：两脚平行站立，两手臂侧伸不停挥摆。这种方法防守面积大，攻击性强，便于向左右移动，适合于贴身防守运球、突破。在对手运球停止时，封堵传球，以及进行夹击防守配合时均可运用平步防守。

3. 防守移动

防守有球队员的脚步动作与站立姿势有直接关系。其中最常用的移动步法有：平步站立——横步；斜前站立——撤步、滑步。

平步站立——横滑步：平步站位接横滑步是控制对手运球突破、跨步转身时采用的主要移动步法。

斜前站立——撤步、滑步：当接球队员从防守者前脚一侧运球突破，防守者向斜后方面前脚接滑步控制对手。

撤步、滑步——交叉步、滑步：是在上述防守中几乎或已经落后对手的情况下进行快速移动，追堵对手重新获得合理防守的移动步法（在全场紧逼防守中运用较多）。

第五章

篮球战术基础配合

第一节　篮球进攻战术基础配合
第二节　篮球防守战术基础配合

第一节　篮球进攻战术基础配合

一　传切配合

传切配合是指进攻队员之间利用传球和切入技术组成的简单配合，它包括一传一切和空切配合，传切配合在进攻人盯人防守和区域联防时都可采用。

所谓传切配合由传球和切入（即徒手摆脱或空切）两项技术相结合的简单配合方法。

一般有一传一切和空切，从其配合形式来看有纵切和横切两种。

这种配合对盯人防守较为有效，它的最大特点是靠人摆脱达到攻击目的。它经常是指进攻队员持球在手或徒手的进攻队员，利用各种移动技术来充分吸引、迷惑、防守对手，借助于传球后向着防守对手去靠近，突然摆脱防守对手向着靠近篮下去切入，此时接回传球去完成投篮攻击。

为此，在运用传切配合时，从其战术配合上来分析，必须要严格遵循下列几点：

1.注意传球后（即球出手后），应主动向防守者靠近，合理地运用一些假动作吸引、诱惑、对方，使之不能做到人球兼顾、注意在盯人上。

2.要掌握住切入的时机，一般充分运用压右左过，压左右过，根本一条就是迫使防守者失去正常的位置与平衡。

3.传球后再做切的动作时，也就是吸引动作要慢，而在要空切一刹那要突然，快速，准确即时起动，从防守失掉平衡一侧超越对手。

4.在做传球与切的配合中，为求二人都要想方设法牵扯住防守对手，使防守人顾此失彼，相互之间不能合作。

5.在完成传切配合上一定要做到先分而后合，要拉空腹地，注意必须具有隐蔽性。

6.为了完成这一配合除具备达到三威胁的目与要求，要即时、果断、真假结合，传球即时。

（一）传切配合方法

1.一传一切配合

要求传球后要向底线做吸引假动作，然后靠近对手及时摆脱，球要传到位。②传球给①后，立刻摆脱对手，②向篮下切入，接同伴①的回传球投篮。

2.空切配合

进攻三人，持球者站立在弧顶与中圈的中间，另两名进攻队员站在罚球延长线的靠近边线外处。每个人均有一名防守队员看守。持球者传球给左（或右）侧同伴，另一侧同伴立即摆脱对手向篮下切入，接同伴传来的球投篮。②传球给①时，③乘对手不备之机，突然横切或从底线向篮下接①的传球投篮。

3.连续传切配合

②传球给①,然后摆脱防守切入至篮下,①没有传球,③随后跟进切入篮下,接①的传球投篮。

(二)传切配合的要求

1.切入队员首先要掌握好切入时机,根据对方的防守情况利用假动作摆脱,及时、快速切入篮下,并随时准备接球。

2.传球队员要利用假动作吸引、牵制对手、并采用合理的方法及时、准确地将球传出。

3.切入队员要掌握切入的时机,果断、快速地摆脱对手切入篮下,并注意同伴的传球。

4.传球队员要利用瞄篮、突破、运球或假动作吸引、牵制对手,当切入队员摆脱对手处于有利位置时,应及时、准确地将球传给切入队员。

第五章　篮球战术基础配合

二　突分配合

突分配合是指持球队员突破对手后，主动地或应变地利用传球与同伴进行攻击的一种配合方法，也成为突破分球，它是对付全场紧逼夹击和区域联防的有效方法之一。

所谓突分配合是指持球队员摆脱了对方防守而利用运球突破技术向着对方内线和篮下攻击，此时打乱与破坏了对方内线与篮下的防守部署，迫使对方必然要设法去补防，此时由于补防而运球突破的队员将球传给篮下或靠近篮下有利位置上的队员，由他去完成攻击配合的一种形式，称这种配合形式突分配合。

这种配合必须在持球队员为突破对手之后，而且直接向着内线或篮下去威胁对方直接得分时，才会有效。为此它的特点首先是建立在先摆脱了对手，摆脱后又直接造成得分与威胁对方时，这样就必然迫使对方暂时放弃篮下或内线所防守对手去补防，由于补防而促成持球突破队员将球及时、准确地分给同队靠近篮下的队员或者有利攻击的队员去完成攻击配合的目的。

突分配合是由二者结合的一项配合方法。所以在掌握与运用这一配合时必须遵循下列几点：

1. 突分配合的前提是首先设法摆脱对方的防守，为达到这一目的必须做到尽量靠近对手，动作要突然、快速、准确。

2. 在完成突破后应当清楚掌握自己同队队员在内线与靠近篮下位置上分布情况，以便补防时将还需及时准确分出。如有机会而又有把握的情况下由自己去完成攻击。

3. 在持球摆脱后一定向着对方内线和篮下，做到威胁对方，力求使对方腹地拉空，不然造成堵塞影响攻击，同时还要注意三秒违例。

4. 在做分球时一定等迎上补防时，且忌过早或过晚，在内线与篮下队员应选择有利位置来准备完成攻击，同时还要注意三秒违例。

（一）突分配合方法：

①持球从上线突破〇遇到●补防时，及时传球给纵插到位的②投篮。

（二）突分配合的要求

1. 切入队员首先要掌握好切入时机，根据对方的防守情况利用假动作摆脱，及时、快速切入篮下，并随时准备接球。

2. 传球队员要利用假动作吸引、牵制对手、并采用合理的传球方法及时、准确地将球传出。

3. 切入队员要根据情况掌握切入的时机，果断、快速的摆脱对手切入篮下，并注意同伴的传球。

4. 传球队员要利用瞄篮、突破、运球或假动作吸引、牵制对手，当切入队员摆脱对手处于有利位置时，应及时、准确地将球传给切入队员。

三 掩护配合

所谓掩护配合是指进攻队员有意识地选择适当的位置，合理地运用自己身体挡住防守自己同伴的防守者的移动路线，使自己的同伴暂时摆脱防守，从而获得一定攻击机会，一般称这种配合形式为掩护配合。

掩护配合主要根据去做掩护人所占据在被掩护的防守队员的位置而来确定其掩护配合方法。一般面对站在防守者的前面为前掩护，站在后面为后掩护，站在防守自己对手的侧方为侧掩护，还有用运球或徒手吸引着自己对手，把他带到一定位置上的同队队员身旁，使站在固定位置上的同伴借助于同伴把跟随防守者挡住，使自己暂时得到摆脱，这种形式为定位掩护配合。在掩护配合运用上可给有球的或给无球队员去做掩护，又可在运球行进间徒手来进行，一般来说在运动的过程中效果较好。

掩护配合在对付盯人防守方面较好，效果明显，而在进攻区域联防或定位对人防守上也是有效的，它最大特点是借助于挡的方法来摆脱盯防目的。为此在运用掩护配合上，必须应首先建立在规则要求和许可的条件下来合理地运用，在其所占据位置、距离和身体姿势等方面都有一定要求，关键是一挡一拆才能有效。所以在掌握与运用时，必须遵循以下几点：

1. 首先应注意移动路线不易被对方察觉，位置选择要合理，要保持一定距离，以规则要求给对方有一定的回旋余地，同时又要挡住其跟随者的移动去路。

2. 应保持一定掩护姿势，两脚开立不宜过大，两膝微屈，重心下降，上体稍前倾，两臂自然向侧展开，臀部稍向下坐，保持姿势稳定性，根据不同掩护配合形式要注意掩护面。

3. 当掩护已经取得成功时，掩护人一定注意要有跟随转体护送动作，同时还要随时准备跟进，顺势插进来配合攻击。

4. 被掩护人无论有球或无球，均应设法运用一些假动作吸引迷惑防守，牵扯住对手，力求使之不易查觉，分散其精力集中在所要防守人上。

5. 注意二人配合之间一定要有默契，行动上要协调一致，要真真假假相结合，要有一定的机动性和灵活性，动作要迅速准备，配合要及时合理。

6. 注意不要有多余和附加动作，以免造成掩护上的犯规，不要单独为了掩护而掩护，就是在掩护被查觉的情况下也可顺水推舟，将计就计来展开攻击。

（一）掩护配合的方法：

1. 给有球与无球的侧掩护配合：

（1）给有球队员的侧掩护配合：②跑到的防守人〇侧面做掩护，①接球后做投篮或突破的动作，吸引防守注意力，当②做掩护到位时，①持球从〇的右侧突破投篮。②掩护后及时移动做后转身到有利的位置去接球或抢篮板球。

（2）给无球队员做侧掩护（或反掩护）：②传球给①后，即向相反方向跑动给③做侧掩护，当②跑到③侧面掩护到位时，③摆脱防守切入篮下接①的传球投篮。

2. 前掩护配合

是掩护者跑到同伴防守者的身前,用身体挡住防守者向前移动的路线,使同伴借机摆脱防守接球进行攻击的一种掩护方法。③跑到○的前面给①做前掩护,①利用掩护拉出,接②传来的球投篮或做其他攻击动作。

3. 后掩护

是前锋为后卫做后掩护。①传球给②时,③跑到○身后给①做后掩护,①传球后做向左切入假动作吸引○的防守,当③掩护到位时突然向左侧切入篮下接②的传球投篮。

4.定位掩护

定位掩护配合是前掩护、侧掩护、后掩护在比赛中变化的方式之一。它是掩护者占据有利的位置基本不动，进攻队员诱使防守者跟随跑动，利用掩护者挡住防守者的移动路线，从而摆脱防守者的一种配合方法。定位掩护一般在无球队员之间进行，有时运球队员也可以借助同伴的定位掩护摆脱对手，它要求队员具有良好的个人摆脱能力，并熟练地掌握行进间突然变向移动、运球和投篮技术。

5.反掩护

队员传球后向相反的方向移动去做掩护，使同伴进行攻击或摆脱防守的一种配合方法。在反掩护的配合中，被掩护的队员在同伴进行掩护前也应做各种吸引对方的假动作，并主动靠近对方，以提高掩护的质量。在反掩护中，做掩护的队员常把掩护与空切、摆脱或假掩护结合运用，其目的是使对手难以判断掩护者的真正意图，从而出现防守漏洞。反掩护是侧掩护配合的发展，是比赛中击破人盯人防守常用的一种有效方法。

（二）掩护配合的要求

1. 做掩护的队员目的要明确，行动要隐蔽，动作要合理，以免造成犯规，不能用推、拉、顶、撞等不合理的动作去阻挡对方的防守行动。

2. 如果掩护静立对手视野之外，掩护队员必须允许对手向他迈出正常的一步，而自己不主动与防守队员发生接触。

3. 掩护队员的动作要突然，被掩护的队员要用假动作吸引自己的防守队员，不让防守队员发现同伴的掩护意图。

4. 掩护同伴之间的时机配合非常重要，过早或过迟行动都会使掩护失败。掩护配合时队员配合要默契，注意动作果断，并根据临场变化，争取第二次机会。

5. 传球队员要利用假动作吸引、牵制对手、并采用合理的传球方法，运用假动作吸引对手，及时、准确地将球传出。

6. 被掩护的队员要配合掩护队员掩蔽行动与方向，当同伴到达掩护位置时，摆脱对手动作要突然、快速。

7. 掩护配合时队员配合要默契，注意及时行动、节奏分明、动作果断，并根据情况变化，采取应变措施。

四 策应配合

所谓策应配合是指在组织阵地进攻时，处于内线的队员突然移动，选择有利攻击位置，接外线传来的球，然后通过接球后用球紧紧吸引住对方防守，依他作为枢纽，然后将球传给外线摆脱空切队员或选择有利位置上的队员。这种由里和外结合的一种配合形式，一般称为策应配合。

这种配合方法一般为内线身体高大的中锋队员来担任这一角色。它的特点为背向或侧向球篮，通过它来里应外合完成配合攻击，策应者必须能够吸引住对方，同时还必须具有威胁对方作用从而给外线创造攻击机会。一般表现出的配合形式有传切、双切、定位掩护，和其他掩护跳投来完成攻击。

策应配合的关键取决于策应人的位置的选择和必须迎来球方向转移，要求基本上做到人到球到，不能过早或过晚。当策应人接球停住的一刹那两脚自然开立，两膝微屈，上体要稍前倾，两肘外张持球保护于胸腹之间，借助于两臂和上体将球保护好。在此阶段策应队员应了解与掌握场上队员分布情况，然后根据观察和外线队员移动选位，将球传给向篮下空切的队员。在做策应传球一刹那应面向侧向并应有转身跨步护送动作，其目的有两个：一是帮助和掩护球，向切入人靠近，另一方面可做跟进和控制篮板球。策应移动时要突然而准，位置要合理，同时一定吸引住对方，具有威胁性。策应的应用范围较广，一般多在罚球区附近。如果对方采用全场紧逼人盯人防守时可在中场或圈顶一带策应，有时甚至在前场利用策应配合来突破防守。

（一）策应配合方法

1. ②摆脱防守插到罚球线做策应，①将球传给②，并立即空切篮下，接②的策应传球投篮。
2. ①传球给策应者②，并从②身边切入篮下，③向底线压缩后绕出，②可将球传给①做篮下

进攻或传给③外围投篮，也可以自己进攻。

（二）策应配合要求

1. 策应队员要及时抢位要球，两手持球护于胸前，身材较高的策应者可将球持于头上。接球后结合转身、跨步等动作协助同伴摆脱防守或个人进行攻击。

2. 外围传球队员要根据策应者的位置和机会，及时准确地传给策应队员，做到人到球到，传球后迅速摆脱对手切入篮下，创造进攻机会。

3. 策应队员合理运用假动作摆脱防守，迅速抢占有利的策应位置，迎前接球。

4. 策应配合要求策应者要及时挤位接球，接球后的两脚开立，要用手臂、身体、腿部挡住防守者，两手持球于胸前，两肘外展保护球。身体较高策应者，要随时观察场上的情况，以便及时将球传给进攻最有利的同伴，并注意自己的进攻机会，根据进攻的实际情况，处理好内外配合的关系。在策应过程中，用转身、跨步、假动作及时调整策应方向和位置，以便协助同伴摆脱防守，增加策应的变化与威慑力。

5. 配合队员要根据策应者的位置，及时传球给策应者远离防守一侧，做到人到球到；或设法摆脱防守，或策应后直接攻击。策应配合在比赛中运用范围较广，可用于对付全场紧逼人盯人的防守。在中场或前场突破对方防守时运用策应配合，应与传切、掩护等配合结合使用。

第二节　篮球防守战术基础配合

防守基础配合，是在篮球比赛中两三人之间为了破坏对方进攻配合所组成的简单配合。

篮球防守基础配合，是篮球战术配合的组成部分。它是篮球比赛中用于防守的基础配合。防守战术基础配合包括挤过配合、穿过配合、绕过配合、交换防守配合、"关门"配合、夹击配合和补防配合七种。防守基础配合是组成全队防守战术的基础及其灵活变换组合的要素。只有在熟练掌握和灵活运用各种防守基础配合的基础上，才能增加组成全队防守战术的数量和提高防守战术质量。

　防掩护配合

（一）防守掩护的方法

1. 挤过配合

是破坏掩护配合的积极有效方法之一，防守者在掩护队员临近自己时，要积极向前跨出一步，贴近自己的防守对手，从掩护者前面挤过去，继续防住自己的对手。防守掩护队员的同伴要及时呼应，并配合行动，以准备补防。运用挤过配合的防守队员要善于于发现对方的掩护意图和所采用的方式，而防守掩护者的队员要及时提醒前者并后撤一步，以随时准备补防。当掩护队员靠近时，防守队员应该向挤过方向快速移动，一旦挤过，应该立即降低身体重心，紧紧防住对手。防守挤护队员的防守者不要与进攻队员靠得太近，以便在同伴挤过不成时采用穿过配合。在比赛中运用防守掩护配合时，应尽量设法用挤过配合。②传球给③后给①做掩护，○在②靠近自己的一刹那，迅速挤前一步贴近①，并从①和②中间挤过去继续防守①。

2. 穿过配合：

是破坏掩护配合及时防住自己对手的一种配合。当进攻队员进行掩护时，防守掩护的队员要及时地提醒同伴并主动后撤一步，让同伴及时从自己和掩护队员之间穿过，一边继续防住各自的对手。穿过防守是破坏对方掩护及时防守住对手的一种防守方法，常在人盯人防守松动或在对方无投篮威胁时采用。防守掩护者的队员运用时要及时发出信号并留有空隙，而穿过队员则应迅速调整防守位置和距离。②传球给③后去给①做掩护。〇在②靠近自己的一刹那，●迅速向后退一步，〇从●和②之间穿过，继续防守①。

3. 绕过配合

是破坏对方掩护配合及时防守自己对手的一种配合，当进攻队员进行掩护时，防守做掩护的队员主动贴近对手，让同伴从自己的身边绕过，继续防守各自的对手。绕过防守多在掩护者攻击力强、威胁大而被掩护摆脱的队员无投篮威胁情况下用。运用绕过配合时，防守掩护者的队员应及时提醒同伴发现对手的掩护行动，在同伴绕过的瞬间贴近对手。绕过队员则要快速调整防守的位置和距离，一直即盯住自己防守的对手。②传球给③并去给①掩护，〇在靠近自己的一刹那，●迅速向前一步迅速贴近②从身后绕过，继续防守①。

4.交换防守配合：

是为了破坏进攻队员的掩护配合，队守队员之间及时的呼应交换自己所防守对手的一种配合方法。一般由防守掩护者的队员发出交换防守的信号，一旦被掩护的进攻队员切入时便及时换防，并由防守掩护的队员阻截其切向篮下或接球的路线。配合时，防守被掩护者的队员也要及时调整防守，采用撤步或转身挤占内侧的防守位置，堵住掩护者切入篮下的路线。这种配合，常在人盯人防守中对方横向移动掩护时运用。在对方纵向移动运用掩护时，则尽量避免使用该配合，以免形成小个队员在篮下防守对方高大队员的被动局面。②去给①掩护，〇要主动给同伴发出换人的信号，及时堵截①向篮下突破的路线。此时〇应及时调整自己的防守位置，防止②向篮下空切。

（二）防守掩护的要求

1. 挤过时要贴近对手，向前挤步要及时，动作要突然，防掩护的队员要相互提醒。
2. 穿过时，要及时提醒同伴并主动让路，调整防守位置和距离。
3. 绕过要及时提醒同伴，并贴近自己的对手。及时调整位置和距离。
4. 交换配合时，防掩护者要及时提醒同伴，两名防守队员要到位后才换防，以免防守失败。

 "关门"配合

"关门"配合是指两名防守队员靠拢，协同防守的配合方法。"关门"配合是防守战术基础配合之一。它是进攻队员运球向篮下突破时，防守突破的队员及时向侧后方挤步堵截其切篮下的路线，而临近突破一侧的防守队员，快速移动向防突破的队员靠近，对突破队员进行"关门"配合方法。这两名防守队员犹如两扇门，阻截运球突破队员的路线，它是协同队友防守突破的有效方法，多在区域联防中用于防守对方突破能力很强的队员。运用时必须注意选择对手已开始突破、但尚未突破防线之前时进行关门，主要用合理的腿部动作和身

体姿势进行防守，切忌滥用手部动作以免造成不必要的防守犯规。

（一）"关门"配合的方法

当①向右侧突破时，〇和●进行"关门"配合。

（二）"关门"配合的要求

防守队员应积极堵截突破的移动路线，临近突破一侧的防守者要及时向同伴靠拢进行"关门"，不给突破者留有空隙。"关门"配合也常运用于区域联防。

三 夹击配合

它是两名队员有目的、有组织地积极防守一个进攻队员的防守配合方法。夹击配合是一种攻击性和破坏较强的防守配合，要从进攻队员的左右或前后形成夹击，用以控制对手的行动，破坏进攻意图，封锁对手的传球路线，使其造成传球失误或违例，并伺机抢球、打球，给对手心理上造成巨大的压力。选择夹击时机和区域是夹击配合成功的前提，通常是在对手终止运球或持球于边线、底线、中线附近和场角时采用。为了实现夹击配合，可设置陷阱逼迫或诱使进攻队员运球进入夹击区进行夹击，或尽量对手向预先设置准备抢断的防线传球，以获得控制球权。夹击时要求行动突然果断、坚决迅猛。

（一）夹击配合的方法：

①从底线突破，○封堵底线，迫使①停球，●同时迅速向底线跑去与○协同夹击①，封堵其传球路线，迫使其违例或失误。

（二）夹击配合要求

1.首先要选择好夹击的位置和时机。当对方埋头运球或停球时，都是夹击的好时机，最佳夹击位置是边角和中线附近。

2.运用夹击时，贴近对方身体要适度，不能推、顶，以免造成犯规，不要为了急于去抢对方手中的球而改变正确的夹击位置和身体姿势。

3.已形成夹击后，其他队员要随时轮转补位，严防对方在近球区队员接球，远球区的防守队员要以少防多，选好断球位置。

四 补防配合

补防配合是防守队员在同伴漏防时，立即放弃自己的对手，去补防被漏防的进攻队员，而漏人的防守队员应及时换防另一进攻者的一种协同防守配合方法。补防配合又称为"补漏防守"，是防守战术基础配合之一。这是一种防守中常用的有效的配合。全队队员占据有利的协防位置和正确的判断是补防配合的基础。一名队员补防，其他队员、尤其是漏人的队员应及时交换补防。三人以上配合时可运用"顺时针轮换补位"或"逆时针轮换补位"方法，以免出现新的漏洞。运用补防时，行动要迅速果断，队员之间应相互呼应，还要注意观察突破队员的分球意图，以便及时挤位断球。

补防配合是篮球防守战术配合的基本配合形式。泛指比赛队员在完成自己防守职责的同时，都要及时协助同伴进行防守的所有协同配合。它是全队防守战术实施的关键。如协同防守中锋、进攻队员突破时协助同伴阻截、集体或全体防守中控制的防守面积大时，以少防多等。队员集体防守意识是补防的先决条件，个人的防守技术是补防的基础。补防水平的高低是衡量一个球队战术意识和防守能力强弱的重要标志。补防运用得好，可以加强个人和全队防守的力量，增加对进攻重点人防守的可靠性。

（一）补防配合的方法：

②传球给①后，突然摆脱●的防守直插篮下，此时，▲放弃对③的防守而补防②，●去补防③。

（二）补防配合的要求

1.防守时要随时观察本队防守情况，补防意识要强，一旦发生漏防，邻近队员要果断补防，漏防队员要及时调整防守对象。

2.补防后要及时调整防守位置，仍然要保持人球兼顾的位置。

第六章
篮球场上位置的介绍

第一节 篮球场上位置的介绍

第一节 篮球场上位置的介绍

一 控球后卫（PG）

控球后卫（Point Guard）是球场上拿球机会最多的人。他要把球从后场安全地带到前场，再把球传给其他队友，这才有让其他人得分的机会。如果说小前锋是一出戏的主角，那么控球后卫便是这出戏的导演。

怎样才算是一个合格的控球后卫？首先，他的运球能力是绝对少不了的，他必须能够在只有一个人防守他的情况下，毫无问题地将球带过半场。然后，他还要有很好的传球能力，能够在大多数的时间里，将球传到球应该要到的地方：有时候是一个可以投篮的空档，有时候是一个更好的导球位置。简单地说，他要让球流动得顺畅，他要能将球传到最容易得分的地方。再更进一步地说，他还要组织本队的进攻，让队友的进攻更为流畅。

对于一个控球后卫还有一些其他要求。在得分方面，控球队员往往是队上最后一个得分者，也就是说除非其他队友都没有好机会出手，否则他是不轻易投篮的。或者以另一个角度说，他本身有颇强的得分能力，而以其得分能力破坏对方的防守，来替队友制造机会。总而言之，控球有一个不变的原则：当场上有任何队友的机会比他好时，他一定将球交给机会更好的队友。所以，控球后卫的出手经常都是有很好的投篮时机，自然我们对他的命中率要求也就比较高，一般而言应该要在五成以上，要比小前锋和得分后卫高。而在得分能力方面，外线和切入是他必备的两项利器。

举例说明一下应该会更清楚。在NBA里，基德是非常典型的控球后卫，他的控球四平八稳，往往能够将球传给场上机会好的队友，做一次篮下或外线的轻松出手。他没有很花哨的传球招式，但都是很安全地将球送到队友手

上；而且他的外线相当稳，命中率经常都能维持在五成以上。要了解一个称职的控球后卫该做的事，基德是标准的典范。此外，托马斯则是不太一样的类型，他的运球动作已到了出神入化境界，而他那富手感的传球也是令人印象深刻。不过托马斯是比较偏向于得分的控球后卫，也因此他的得分经常在二十分以上，但命中率却不及五成。比较起来，托马斯已经具有全能球员的特性，算得上是全能型的控球后卫。

接下来就是介绍我心目中的最佳控球后卫了，相信大家也已异口同声地念出他的名字：魔术师约翰逊。其实，我为此曾考虑很久，因为若要提一个真正的控球后卫，基德应是最佳典范；但最后选了魔术师，最主要便是因为他得天独厚的领导能力，以及他在场上能够带动士气的本领。首先，魔术师的命中率是五成以上，要比小前锋和得分后卫高。而在得分能力方面，外线和切入是他的强项。控球、传球能力也是毋庸置疑，虽然他横步运球的动作不甚好看，但球于掌中控制得恰到好处；背后传球、指东杀西更是不用多说。而在其他方面，无论外线或切入上篮、亦都让对手伤透脑筋；然而，真正让他成为一个伟大控球后卫的因素，也正是前面所提及的"领导能力"。一个控球能够在场上指挥全队攻守，甚至只要他在场上，就能让所有队友有赢球的信心，这种在心里上的助益，绝非是几个助攻所能比拟的。简单地说，魔术师就是能让在场上的队友发挥出超过百分之百战力的人，而非任何数据所能说明，这也就是魔术师之所以为魔术师之处。

二 得分后卫（SG）

得分后卫（Shooting Guard），由其字义不难推知，他以得分为主要任务。他在场上是仅次于小前锋的第二得分手，但是他不需要练像小前锋一般的单打身手，因为他经常是由队友帮他找出空档后投篮的。不过也就因为如此，他的外线准头与稳定性要非常好。

得分后卫经常要做的有两件事，第一是有很好的空档来投外线，因此他的外线准头和稳定性一定要好，要不然队友千辛万苦找出个好机会，却投不进去的话，对全队的士气和信心打击颇大。第二则是要在小小的缝隙中找出空档来投外线，所以他出手的速度要快。一个好的得分后卫总不能企望每次都有这么好的空档，应该能在很短的时间内找机会出手，而命中率也要有一定的水准，如此的话，才能让对方的防守有所顾忌，必须拉开防守圈，而更利于队友在禁区内的攻势。

如此说，得分后卫的命中率一定要很高喽？其实不然。因为我们虽然希望他有较好的准头，但是也别忘了他出手的距离经常都是相当远的，我们总不能希望一个射手投外线要准到比人家篮下打板命中率还高吧！更何况，得分后卫有时也得要自己找机会单打出手或是在人缝中找空档，所以他的命中率不会太高，这是可以理解的。一般而言，能达到70%、80%就算是不错了，50%以上已是上上之选。

接着就来看看一些具有代表性的得分后卫吧！何纳塞克（Jeff Hornacek）可以算是非常典型的得分后卫，他的外线出手又快又稳，射程可近可远，每个角度都能出手，而命中率也一向都有一定的水准。此外他也有切入的能力，必要时在切入后传球破坏防守，各项该有的能力都一备俱全。另外一类则以史普利威尔（LatrellSprewell）为代表，其实说起来就是他切入的破坏力要胜过外线的投射。上述关于何纳塞克的技巧他也都具备，只不过在比重上来说他就较偏重于切入突破的方面。一个普通的外线空档，何纳塞克可能会很有把握地选择外线出手，而史普利威尔则可能宁愿往禁区切入，选择较接近篮筐的出手机会，这就是两者在进攻选择上的差异。说穿了，史普利威尔这种打法，已经算是小前锋化的得分后卫了。

要选NBA史上最好的得分后卫，我想唯一不会引起争议的人，那就是乔丹（Michael Jordan）。乔丹的NBA生涯前期，可以说是非常接近小前锋的打法，经常是可以往篮下去取分的；但是到了后期时，他又练就了一身顶尖的外线能力，使他的进攻点更是无懈可击。甚至他时而可以当起控球后卫来助攻，时而可以充当前锋抓篮板，其全面性无人能比。他有得分后卫应有的准头与射程，又有小前锋的单打能力，而其命中率又能居高不下，再加上他的敏捷度，又让他具有极佳的防守功力；最重要的是他那一股慑人的气势和领导气质，更是任何后天的训练所无法企及的。

三 小前锋（SF）

小前锋（Small Forward）乃是球队中最重要的得分者。对小前锋最根本的要求就是要能得分，而且是较远距离的得分。小前锋一接到球，第一个想到的就是要如何把球往篮筐里塞。他可能会抓篮板，但并不必要；他可能很会传球，但也不必要；他可能弹跳很好，这仍不必要；他可能防守极佳，这还是不必要。小前锋的基本工作，就是得分、得分、再得分。

小前锋乃是对命中率要求最低的一个位置，一般而言只要45%就算得上合格，而40%以上都可以接受。当然这有一个前提，就是他要能得分。如果一个小前锋每场球得个七、八分，命中率还只有四成的话，那还不如叫他去坐板凳算了。话说回来，为什么小前锋的命中率可以比较低呢？因为他是队上主要得分者，他经常要积极找机会投篮，要在某些时刻稳定军心，甚或以较困难的方式单打对手来提升士气，乃至于给对手下马威，给予对方迎头痛击等。因此小前锋会有较多的机会出手，而且可能是不太好的机会，所以我们可以容许他的命中率稍低，只要他能得分的话。

四 大前锋（PF）

大前锋（Power Forward）在队上担任的任务几乎都是以苦工为主，要抢篮板、防守、卡位都少不了他，但是投篮、得分，他却经常是最后一个。所以说，大前锋可以算是篮球场上最不起眼的角色了。

大前锋的首要工作便是抓篮板球。大前锋通常都是队上篮板抢得最多的人，他在禁区卡位，与中锋配合，往往要挑起全队的篮板重任。而在进攻时，他又常常帮队友挡人，然后在队友出手后设法挤进去抓篮板，做第二波的进攻。通常仅有少数的时间，会要求大前锋沉底单打，这时候他便在禁区附近来个翻身、小勾射之类的，做些近距离的进攻。

既然大前锋一般较少出手，而其投篮的位置又经常很靠近篮筐，那么对其投篮的命中率自然要求也较高了。以场上五个位置来说，大前锋应该是命中率最高的一位了，不错的大前锋应该达到55%以上。不过由于得分不是他的强项，所以他的得分可以不多，但是篮板一定要抓得多。此外，防守时的盖帽能力自然也是大前锋所必备的，因为他要巩固禁区，防守当然重要。其实说穿了，大前锋就是要做好两件事：篮板和防守。

现役球员之中，加纳特（Horace Grant）是很典型的大前锋例子。他的篮板球抓得好，防守时中规中矩，而在进攻时也不贪功，常是靠抢进攻篮板或简单单打得分，命中率高；必要时他在禁区外游走，空档时也能投投中距离，不但加强了队上的整体防守力，也让对方不能够忽略了他的得分潜力。此外，马龙（Karl Malone）则是另外一种类型的大前锋。他以其强壮的身体，作为禁区单打的本钱，反过来以进攻为主要工作。在防守时他一样做大前锋该做的防守、抓篮板，但是在进攻时他仍然经常单打拿分，甚至也练外线，成为极具威胁力的攻击手。其实，就是在大前锋的职责之外，再多练点小前锋的进攻能力，便成了攻击型的大前锋了。

由于大前锋所做的事是如此不起眼，所以放眼NBA历史，著名的大前锋实在不多。例如麦克海尔（Kevin McHale），麦克海尔在篮板球方面算不上特别好，不过由于他的手臂很长，使他在防守上占了先天上的优势，相当出色。但让人印象最深刻的，莫过于他的进攻能力了。他的进攻与一般的禁区攻击不太一样，他并不是靠身材、弹性或爆发力来进攻的，而是靠他的步法。他可以在运球停止后，做多次左右摇摆的大跨步，而找寻最佳时机来个小勾射或是跳篮，而且非常稳健，经常都是进球再造成犯规。他的单打，是属于那种你永远不知道他要在哪边出手的典型。而由于他的高得分，命中率常能维持在60%以上，便可见其价值。或许，他可以称得上是NBA史上禁区单打动作最漂亮的人。

以往，大前锋往往就是要做苦工的，在场上他们少有接球单打的机会。但是现在篮球观念日新月异，大前锋也就慢慢在进攻方面有所加强了，这也正是大前锋今昔最大的差别。

不过，一个好的大前锋，还是要以在禁区的苦工为主的。要能抓篮板能防守，但是进攻能力不佳的球员，我们会称他是好的大前锋，但是一个很能得分却在篮板、防守上失职的球员，根本不能算是一个合格的大前锋。

五 中锋（C）

中锋（Center）顾名思义乃是一个球队的中心人物。他多数的时间是要待在禁区里卖劳力、卖身材的，他在攻在守，都是球队的枢纽，故名之为中锋。

中锋要做哪些工作呢？首先，他既然是在禁区里面混饭吃，那么篮板球是绝对不可或缺的。再者，禁区又是各队的兵家必争之地，当然不能让对手轻易攻到这里面来，所以阻攻、盖帽的能力也少不得。而在进攻时，中锋经常有机会站在靠近罚球线的禁区内（此乃整个进攻场的中心位置）接球，此时他也应具备不错的导球能力，将球往较适当的角落送出。以上三项，是中锋应具备的基础技能。而在球队中，中锋也经常身负得分之责，他是主要的内线得分者，与小前锋里外对应。因为他要能单打，所以在命中率上的要求可以低些，但他出手的位置又往往较接近篮筐，所以命中率又应该高些，大致来说，52%可以作为一个标准。对中锋命中率的要求，是仅次于大前锋的。

一名好的中锋还得多才多艺。在进攻方面，中锋在接近篮筐的位置要有单打的能力，他要能背对着篮筐做单打动作，转身投篮是最常见的一项，而跳勾、勾射则是更难防守的得分方式。防守上，要称为一个好的中锋，那除了守好自己该看的球员之外，适时帮忙队友的防守是必须的。简单地说，若对方的球员晃过了队友的防守而往篮下进来，中锋便要有一夫当关之勇，守住己方的禁区。当然，不是说每回都能滴水不漏，但总是要有"能帮忙"的能力，若一个中锋只能守住自己的人，那是不够的（除非对方是超强的进攻中锋）。

中锋有一种变形，也就是所谓的外线中锋。他与正常中锋的差别在于，他的进攻主要是跑到外面去投外线，而少做禁区单打的工作。由于中锋的身材高大，其他矮个子根本防不住，所以到外线投篮可以把对方的中锋引出来，故其在前锋较强时也相当管用，而在防守时，他就与一般中锋无异，照样防守对方中锋，照样地抓篮板球。

标准联防站位图

第七章
专项体能训练

第一节　篮球专项力量素质训练
第二节　篮球专项速度素质训练
第三节　篮球专项耐力素质训练

第一节　篮球专项力量素质训练

篮球运动员的力量素质具有全面发展的特点。不仅要求上肢、下肢、腰背部肌肉群均衡发展，而且要求肌肉的爆发力、耐久力、最大力量在整场四十分钟时间内跑跳、对抗的比赛中都具有很强的能力。在训练中不能单一发展某种力量能力而忽视力量能力训练。

 力量素质的分类

目前力量素质的分类有很多种，若按肌肉在克服阻力时的收缩形式分类，可分为静力性用力和动力性用力两种。按着运动时肌肉克服阻力的表现形式，可把力量素质分成最大力量、速度力量和力量耐力。

篮球专项力量素质训练是发展运动员的最大力量、快速力量和力量耐力。最大力量也称绝对力量，是指人体或人体某一部分肌肉工作时克服最大阻力的能力。最大力量表现为骨骼肌的收缩力，其收缩力受参加肌肉工作的运动单位数量、神经冲动频率与强度的影响，参加肌肉工作的运动单位越多，肌肉收缩力越大。速度力量是指肌肉在运动中快速克服阻力的能力。速度力量是力量和速度有机结合的一种素质。速度力量最典型的表现形式是运动员的爆发力，运动员在短时间内爆发出来的最大的力量。肌肉在克服阻力的过程中，阻力越大，速度越慢。力量耐力是指运动时肌肉长时间克服一定阻力的能力。

 **篮球专项力量素质训练的要求**

（一）最大力量素质训练的要求

最大力量训练主要有两条途径：一是通过增大肌肉生理横断面，增加肌肉收缩力量；二是改善肌肉的内协调能力，提高神经系统指挥肌肉工作的能力，动员更多的运动单位参加工作。

1. 负荷强度：多采用本人最大极限负荷重量的60%-85%，进行少次数、多组数的重复练习，不宜过多采用最大负荷量。这样不仅可以减轻运动员的心理负担，还可以避免损伤。

2. 练习动作的节奏。每次练习的动作节奏要放慢一些，动作要流畅、不间断，这样有利于参与工作的肌纤维变粗，肌肉横断面增大。

3. 组间的间歇时间一般要在上一组练习肌肉所产生的疲劳得到基本消除后，再进行下一组练习为宜，力量好的运动员练习2～3分钟即可，力量差点的运动员可适当延长间歇时间，间歇期间要做一些放松练习。

（二）速度力量训练的要求

速度力量是力量和速度有机结合的一种特殊力量素质。只有使最大力量和速度都达到一定强度，才会取得速度力量的最大化。其训练方法有两种：一是负重练习；二是不负重练习。

1. 负荷强度要适宜。一般多采用本人最大力量的40%～60%的强度，兼顾力量和速度两方面发展。在练习中也应增强运动员对最大力量和最大速度的体验。训练中可根据需要来调整力量和速度的强度。

2. 训练中要注意整体与局部、局部与局部间力量训练的有机结合。训练要注意大肌肉练习与小肌肉群练习相结合，将上肢、下肢和腰背腹肌肉力量练习相结合，以求获得力量训练效果的最大化、最优化。

3. 组间的间歇时间要适宜。间歇时间要充分，时间短会影响速度，时间过长会导致中枢神经系统兴奋性的下降。一般间歇时间为2-3分钟。

（三）力量耐力训练的要求

运动员的力量耐力水平取决于多种因素，其中最主要的是保证工作肌耗氧和供氧的血液循环和呼吸系统的机能能力、无氧代谢的机能能力和工作肌群协同工作的能力，以及运动员克服自身疲劳的意志品质。另外力量耐力与最大力量有密切关系，最大力量大，则重复次数多，力量耐力好。

1. 负荷的强度。多采用中小负荷的循环训练法，练习的重复次数要多，尽量达到本人极限的重复次数。

2. 练习的持续时间。如果采用动力性练习，要依据练习的次数和组数来确定。如果采用静力性练习，则每个动作持续的时间大约要10-30秒。这取决于负重的大小，负重大则持续时间短一些，负重小则持续时间长一些。

3. 组间的间歇时间。间歇时间较短些，每一组练习要在上一组练习后未完全恢复的情况下进行，但随着练习组数的增加，可以适当延长组间的间歇时间。

篮球专项力量素质训练的方法

（一）手指手腕力量练习
1. 指握撑、击掌俯卧撑、握力器等练习。
2. 坐姿用指腕力量传递篮球练习。
3. 抛接实心球。

（二）上肢力量练习
1. 俯卧撑。
2. 快速连续传接球练习。
3. 双杠摆臂练习。

（三）下肢力量练习
1. 连续蛙跳或立定跳远。
2. 负重深蹲或半蹲。
3. 负重连续蹲跳、负重提踵练习或连续摸篮板。

（四）腰、腹肌力量练习
1. 负重做体前屈或转体。
2. 展腹跳。
3. 仰卧起坐。

第二节 篮球专项速度素质训练

速度素质是指运动员在短时间、短距离内、快速反应、移动完成动作的能力,篮球运动员良好的速度素质会使运动员在比赛中从时间和空间上、人数上获得优势,也是技术、战术运用能否成功的决定性因素。

篮球专项速度素质训练的目的和任务

良好的速度素质是运动员在比赛中取得时间和空间优势的重要因素,也是运动员在比赛中技术、战术运用能够奏效的决定性因素。

篮球专项速度训练的目的和任务是根据篮球专项特点对运动员速度素质的专门要求,采用有针对性的速度训练手段和方法,以发展运动员的速度素质,使运动员的速度能力在比赛中得到充分的发挥,创造更多的时间、空间或局部人数上的优势。

速度素质的分类

按着运动员的动作过程分类,速度素质包括人体对来自外界刺激快速反应的能力、快速完成某个动作的能力和快速位移的能力。因此,我们将速度素质分为反应速度、动作速度和移动速度。

反应速度是指人体对各种信号刺激(声、光、触等)快速应答的能力。其快慢取决于信号通过反射弧各环节所需的时间以及条件反射的巩固程度。动作速度是指人体快速完成某个动作的能力,其快慢取决于肌肉中快肌纤维百分数及其肥大程度,肌力、肌纤维的兴奋性。移动速度是指人体在短时间内移动的最大位移的能力。其能力取决于肌肉中快肌纤维百分数及其肥大程度,运动神经中枢兴奋与抑制的转换速度;肌肉的伸展性和弹性;各中枢之间的协调性,条件反射的巩固程度。

篮球专项速度素质训练的要求

(一)速度素质训练应在运动员兴奋性高、情绪饱满、运动欲望比较强的情况下进行,一般应安排在训练课的前期。

(二)反应速度、动作速度和移动速度都与运动员的思维判断的速度相关,因此,专项速度训练必须要与技术、战术训练相结合。如:篮球运动员的反应速度往往与他们在瞬息万变的比赛中对人和物的预判的准确性较高相关。因此，在反应速度的训练中就要与篮球技术、战术训练相结合，增加运动员的判断能力，从而提高他们的反应速度。

（三）篮球比赛中的技术变化具有快速突然性，因此其供能特点是无氧供能，快肌纤维比慢肌纤维在无氧供能时转换的ATP更多，功率更大，快速肌肉收缩所完成的技术才更快；篮球技术动作过程是肌肉有序的收缩用力。因此，在发展速度素质的同时，还需要发展最大力量和快速力量，从而提高动作速度。

（四）发展篮球专项位移速度必须提高影响位移速度的动作频率和动作幅度。动作频率受神经过程灵活性影响，动作幅度与肌肉的伸展性和弹性相关。同时还必须使速度要素与反应起动、加速等与篮球技术动作环节相适应。

（五）运动员的速度提高到一定程度时，常会出现进展停滞，难以提高的现象，我们称为"速度障碍"。产生速度障碍的主观原因是：过早地片面发展绝对速度、基础训练不足；技术动作与快速移动动作不协调；负荷过度等。出现训练障碍后可采用变速跑、顺风跑、游戏等形式予以克服。

四 篮球专项速度素质训练的方法

（一）各种攻防脚步练习
1.原地快频率碎步跑、小步跑、左右侧交叉步、加速度跑、变向跑、侧身跑等练习。
2.各个方向的滑步练习。

（二）各种反应速度练习
1.在原地或运动中，接到视觉、听觉或触觉信号刺激后，迅速起动，并加速跑10～30米。
2.折线跑。以罚球线、中线和底线为界，进行折线跑。
3.二人对面站立，接到信号后进行追逐跑。
4.端线背向碎步，后转身加速跑。

（三）各种持球技术动作速度练习
1.30秒或1分钟的自投自抢投篮。
2.直线或折线全场自抛自接2次或3次后投篮。
3.全场变向运球（运球变向后要加速）。
4.全场三打二快攻练习。

定时自投自抱投篮是一种以锻炼运动员多方面技能的一种训练，不仅可以锻炼运动员的体力与抢篮板球的意识，还能增进手感，并且可以锻炼运动员的出手速度及空间感与方位感。是一种非常值得倡导的训练项目。具体联系方法是：运动员以三秒区为训练区域进行投篮练习，篮球出手后，无论是否进筐都要快速上前拿住球，出三秒区，再次投篮每次练习的时间根据个人的能力量力而行，通常情况下为每组1分钟。

第三节　篮球专项耐力素质训练

耐力素质是指机体坚持长时间运动的能力。篮球运动具有比赛场次多、比赛时间长、动作速度快、奔跑距离长、技术动作变化复杂、对抗强度大等特点，所以篮球运动员要想在比赛过程中保证技术、战术水平的正常发挥，要求运动员必须具备良好的耐力水平。

 篮球专项耐力素质训练的目的和任务

耐力素质也是篮球运动员所要具备的重要素质，它是运动员在比赛和训练中保持技术、战术水平得以稳定发挥的重要保障，也是运动员的抗疲劳能力的反映。现代篮球运动的速度快、对抗激烈、时间长等特点对运动员的各方面素质提出了更高的要求，作为耐力素质是速度、力量、弹跳等素质发挥的重要保障。

篮球专项耐力素质训练的目的和任务，就是根据篮球专项对耐力素质的专门要求，在发展有氧耐力的基础上重点提高运动员的无氧耐力水平，以确保篮球运动员在比赛中始终保持足够的精力和旺盛的斗志，从而确保运动员在比赛中的技、战术水平的正常发挥。

 耐力素质的分类

按人体的生理系统分类，耐力素质可分为肌肉耐力和心血管耐力。肌肉耐力也称为力量耐力，心血管耐力又分为有氧耐力和无氧耐力。

有氧耐力是指机体在氧气供应比较充足的情况下，能坚持长时间工作的能力。有氧耐力训练的目的在于提高运动员机体吸收、输送和利用氧气的能力，促进有机体的新陈代谢。

无氧耐力也叫速度耐力，它是指机体以无氧代谢为主要供能形式，坚持长时间工作的能力。

无氧耐力又分为磷酸原供能无氧耐力和糖酵解供能无氧耐力。

在无氧代谢供能的肌肉活动中，磷酸原的分解供能，不产生乳酸，叫磷酸原代谢供能，机体处在这种状态下，坚持较长时间工作的能力，称为磷酸原代谢供能的无氧耐力。

在无氧代谢供能的肌肉活动中，糖的酵解供能，产生乳酸，叫糖酵解代谢供能，机体处在这种状态下，坚持较长时间工作的能力，称为糖酵解供能无氧耐力。

按照耐力素质对专项的影响来分类，可将耐力素质分为一般耐力和专项耐力。一般耐力是指对提高专项运动成绩起间接作用的基础性耐力；专项耐力是指与提高专项运动成绩有直接关系的耐力，也是指持续完成专项动作的抗疲劳的能力。

 篮球专项耐力素质训练的要求

（一）篮球运动员的耐力素质主要以糖酵解的供能形式为主，因此，在其专项耐力的训练中，要以最大乳酸产生能力和耐酸能力的训练为主，有氧氧化供能形式的训练为辅，并且要处理好两者之间的训练关系。

（二）发展非乳酸无氧耐力的训练，多要采用高强度小间歇的练习方法，一般负荷强度要达到95%，进行30米或50米的短跑，间歇时间要短些，以提高ATP和CP的快速分解的能力。

（三）发展乳酸无氧耐力的训练，多采用负荷强度大（80%），少次数多组数的练习方法，练习时间在1~2分钟，间歇时间逐渐减少，从而使体内乳酸的堆积达到较高值。

（四）在周训练计划中，每周只适宜安排2~3次大强度的耐力素质训练，同时要充分考虑运动员的身体、营养、睡眠等方面的状况，避免运动员产生过度疲劳而影响整个训练的实施。

（五）耐力训练的体力消耗比较大，应把握好间歇时间和强度，重视恢复，因此在间歇时采用各种医学、心理学手段进行积极的恢复，避免造成血液回流致使大脑供血不足。

（六）耐力素质训练比较枯燥，训练中一要注意利用耐力训练培养运动员的意志品质。二要结合专项技术，贯穿于整个训练周期，练习的手段和方法要多样化，提高运动员训练的兴趣，避免由于内容单调、乏味，而导致运动员训练情绪的低落。

篮球专项耐力素质训练的方法

篮球专项耐力素质的训练要采用持续负荷、间歇负荷和重复负荷训练的方法，与篮球专项技术动作相结合进行训练。

（一）持续负荷练习

持续负荷练习的负荷量要小些，心率一般控制在140~170次/分之间，这样的强度对提高运动员心脏功能尤为有效，对改进肌肉的供血能力、改进肌肉的吸收氧的能力也很有意义。持续负荷练习可采用以下几种方法：

1.匀速持续跑。心率控制在150次/分左右，持续时间在一个小时以上。

2.变速跑。提高运动员的有氧耐力水平可采用变速跑，负荷强度要小些，持续时间在半个小时以上。这种跑的负荷强度与比赛比较相似，因此可提高运动员对比赛的适应能力。

3.利用球场端线、罚球线和中线做连续折回跑。心率控制在150次/分左右进行，练习持续时间要在15分钟以上。

（二）间歇负荷练习

间歇负荷练习的基础是有氧和无氧的混合代谢，每一次练习要在上一次练习没有完全恢复的情况下进行，练习可采用以下几种方法：

1.半场连续"一打一"攻守转换对抗练习。进5~10球为一组。根据运动员的机能水平确定练习组数。

2.利用球场端线、罚球线和中线做连续折回跑。心率要达到170次/分以上，时间持续在40秒左右，间歇时间10秒左右。

（三）循环练习

循环练习的内容应采用心血管耐力的练习为主要手段。其训练基础应是无氧代谢。

1.200米、400米全速跑，心率达到170次/分以上，间歇几分钟，使心率控制在100次/分以下，然后重复练习。

2.全场两次自抛自接球投篮。往返四次为一组，待心率控制在100次/分以下再进行下一组。

图书在版编目（CIP）数据

篮球入门 / 刘佳，朱景宏著. -- 长春：吉林科学技术出版社，2014.8（2018.8重印）

ISBN 978-7-5384-8093-1

Ⅰ. ①篮… Ⅱ. ①刘… ②朱… Ⅲ. ①篮球运动—基本知识 Ⅳ. ①G841

中国版本图书馆CIP数据核字(2014)第195564号

篮球入门（升级版）

著	刘 佳 朱景宏
出 版 人	李 梁
策划责任编辑	吕东伦
执行责任编辑	吕东伦
封面设计	长春市创意广告图文制作有限责任公司
制 版	长春市创意广告图文制作有限责任公司
光盘录制	王叶宁 李 冬 金 斌 于世利 刘振和 宋永强 苗为民
图片拍摄	周骁勇 曹 伟 王力伟 王昕睿
开 本	167mm×235mm 1/16
字 数	150千字
印 张	10
版 次	2015年8月第1版
印 次	2018年8月第2次印刷
出 版	吉林科学技术出版社
发 行	吉林科学技术出版社
地 址	长春市人民大街4646号
邮 编	130021
发行部电话/传真	0431-85635177 85651759
	85651628 85635176
储运部电话	0431-86059116
编辑部电话	0431-85670016
网 址	www.jlstp.net
印 刷	北京一鑫印务有限责任公司
书 号	ISBN 978-7-5384-8093-1
定 价	25.00元

如有印装质量问题可寄出版社调换

版权所有 翻印必究